AÚN CONFUNDIDOS SOBRE LA RAZA

CUANDO CONOZCAMOS LA VERDAD, LAS COSAS SERÁN DIFERENTES

RECOMENDACIONES

"En este libro que llega en el momento preciso, el Dr. Michael Reynolds ofrece un regalo a la comunidad cristiana que está sufriendo con las tensiones raciales actuales en Estados Unidos y el mundo. Dejando establecido el hecho de que la raza no está basada en la biología o la genética, sino que es una construcción social que se opone a la idiosincrasia bíblica, Reynolds ofrece un resumen doloroso pero útil de la experiencia afroamericana como contexto a partir del cual podemos avanzar de una manera acorde al Cuerpo de Cristo. Es un manual para la iglesia en este tiempo desafiante, un manual que es peligroso ignorar".

—John Christopher Thomas Ph.D., University of Sheffield,
Clarence J. Abbott Profesor de Estudios Bíblicos, Seminario
Teológico Pentecostal, Director de Estudios Carismáticos
y Pentecostales, Universidad de Bangor, Gales

"El Dr. Michael Reynolds, director de Desarrollo Ministerial para la Iglesia de Dios, ha escrito un libro oportuno titulado *Aún confundidos sobre la raza.* El libro realiza un recuento histórico de problemas de larga data, pero lo más importante es que aborda preocupaciones que afectan a la iglesia y al mundo, y ofrece respuestas redentoras a las preguntas acerca de la raza. Las experiencias del Dr. Reynolds nos dan una oportunidad de discutir esos temas y unirnos. Es hora de que la iglesia aborde estos temas relacionados con la fe y la comunidad, y busque una respuesta desde una fe redentora y Cristocéntrica.

—Dr. Tim Hill, Supervisor General,
Iglesia de Dios, Cleveland, Tennessee

"La Iglesia de Dios, como movimiento, está muy agradecida por el liderazgo que el Dr. Michael Reynolds ha traído a la oficina de Desarrollo Ministerial en el siglo XXI. Su valioso historial de servicio como pastor principal de la Iglesia New Life Celebration en Dolton, Illinois, durante 28 años y su servicio en las demás posiciones ocupadas –profesor, director ejecutivo y decano de Trinity durante más de 25 años– le conceden una habilidad única para abordar uno de los mayores desafíos de nuestra cultura en la actualidad: El aspecto racial.

El Dr. Reynolds es un reconocido orador que ha llevado a cabo conferencias a nivel global acerca de la raza. Ahora ofrece un punto de vista muy estudiado, de perfil académico y pastoral, sobre el aspecto racial que es saludable para el Cuerpo de Cristo.

Aún confundidos sobre la raza no es como ningún otro libro sobre la raza. Es un recurso que debe ser leido por todo ministro y/o laico. La verdad discutida en este libro ofrece un camino hacia la sanidad para las culturas de la iglesia y el mundo.

—Dr. David Ramírez, Asistente tercero,
Supervisor General, Iglesia de Dios

"El Dr. Reynolds ha ofrecido un enfoque académico al entendimiento de los matices de nuestra propia humanidad. Entretejer magistralmente la sociología, biología y una mirada académica a la raza es, ciertamente, el ingrediente que estaba faltando para lograr la armonía tan deseada entre todos. La Biblia dice: 'Sobre todo lo que posees, ¡adquiere inteligencia!' (Proverbios 4:7 RVR). El Dr. Reynolds nos lleva a tener un mejor entendimiento de la raza. Como pastor principal, este libro es, sin duda, un recurso para enseñar y capacitar a mi liderazgo y mi congregación. Si tuviera que vender este libro en una frase diría: '¡Es genial –es una inspiración divina!'"

–Pastor Smokie Norful, Centro de Adoración
Victory Cathedral, Bolingbrook, Illinois

AÚN CONFUNDIDOS SOBRE LA RAZA

CUANDO CONOZCAMOS LA VERDAD,
LAS COSAS SERÁN DIFERENTES

DR. MICHAEL REYNOLDS

Publicado por Dream Releaser Enterprises

Servicios de traducción al español y revisión por God First Arts Inc.
Traductor: David Sanz

Diseño de portada: Joe De Leon

ISBN: 978-1-954089-42-6 1 2 3 4 5 6 7 8 9 10

Impreso en los Estados Unidos de América

DEDICATORIA

Dedico este libro a mi hermosa esposa, Érica,
quien camina en amor y sigue a Cristo.
También lo dedico a mis cuatro hijos:
Michael, Celenna, Jonathan, y Cicely;
Y a mis cuatro hermosos nietos:
Michael III, Chloe, Eric, y Leví.

"Y de una sangre ha hecho todo el linaje de los hombres, para que habiten sobre toda la faz de la tierra; y les ha prefijado el orden de los tiempos, y los límites de su habitación" (Hechos 17:26).

"Un mandamiento nuevo os doy: Que os améis unos a otros; como yo os he amado, que también os améis unos a otros" (Juan 13:34).

ÍNDICE

PRÓLOGO

En *Aún confundidos sobre la raza: Cuando conozcamos la verdad, las cosas serán diferentes,* el Dr. Michael Reynolds aporta su experiencia como docente universitario, decano adjunto de seminario, y pastor principal pentecostal, a la discusión acerca de la raza, temática que ha demostrado ser particularmente difícil para los Estados Unidos como país. Así como el aspecto racial está siendo abordado en libros exitosos en ventas, entrevistas televisivas premiadas, sermones viralizados y lecciones que cambian paradigmas, este libro claro y fácil de leer busca abordar la raza como un tema serio que la iglesia debe tratar.

En este excelente libro, la habilidad de Reynolds para entretejer materias como biología, sociología, antropología, historia, las Escrituras, y teología, junto con momentos apasionantes de su autobiografía, en un análisis revelador del tema crítico de la raza, ofrece una mirada impactante de un problema urgente que afecta a la iglesia y la sociedad. Si bien los afroamericanos son el foco principal del libro, Reynolds también discute los aprietos sufridos por los pueblos originarios o nativos americanos. Además de analizar el racismo y ofrecer un espectro de prácticas raciales que permiten categorizar las conductas raciales, Reynolds ofrece ideas claras de cómo visionar una iglesia y una sociedad marcadas por la justicia racial.

Reynolds muestra en el libro cómo el racismo puede desgarrar el tejido social de las congregaciones y países y llegar a la mutilación y asesinato de gente de color. Según Reynolds, una educación sólida acerca de la raza puede erradicar la ignorancia y cambiar las actitudes y conductas raciales. Por ejemplo, el libro educa a los lectores para reconocer las distinciones cruciales entre el prejuicio y el racismo estructural. Reconociendo que la educación por sí sola no alcanza, el autor reconoce el rol vital que juega el activismo social. En *Aún confundidos sobre la raza* el lector encontrará esfuerzos heroicos de activistas afroamericanos como W.E.B. DuBois, Fannie Lou Hamer, y Martin Luther King, Jr., así como de activistas blancos como Viola Liuzzo y Jonathan Daniels; estos cristianos de ambas razas son destacados como hacedores de historia. Como campeones del Movimiento por los Derechos Civiles que arriesgaron sus vidas, y algunos la perdieron, en un esfuerzo por desmantelar estructuras racistas y erigir estructuras de justicia racial, son testigos de la visión de Dios para la humanidad. Además, Reynols ilustra el rol fundamental que juega la construcción de relaciones interraciales para desaprender la micro agresión del racismo. Según él, será necesario un abordaje polifacético para acabar con el racismo.

Si bien *Aún confundidos sobre la raza* es un fascinante libro interdisciplinario, es también un libro cristiano que toma muy en serio la teología. Para Reynolds, el Pentecostés define el momento inaugural en que el Espíritu Santo reconcilia a los pueblos que estaban separados por el racismo, revirtiendo la división que surgió a partir de la Torre de Babel, y anticipando la visión de Juan en el Apocalipsis de cómo el cielo es un lugar con gente de toda tribu, nación y lengua. La teología está entremezclada en todo el contenido del libro. En este texto, Reynolds demuestra su talento como académico cristiano.

Como su amigo más de tres décadas y como ex-profesor del Dr. Michael Reynolds, he aprendido a través de su trabajo académico, de su liderazgo pastoral, de su compañerismo, y ahora a través de este libro. Invito al lector a dejarse enseñar como yo y a descubrir más acerca de la visión de Dios para una humanidad y un mundo sin racismo.

Aún confundidos sobre la raza ofrece a los pastores y al público en general un gran recurso para vivir en la visión que Dios tiene para una iglesia de todas las razas y una sociedad justa. Dios quiera que cristianos comprometidos se sumen inteligentemente y en oración a una conversación que la iglesia necesita y para la cual el Dr. Michael Reynolds, gentilmente, ha provisto un marco.

–Dr. David D. Daniels III
Profesor de Cristianismo Global Henry Winters Luce
Seminario Teológico McCormick
Chicago, Illinois

AGRADECIMIENTOS

Una obra publicada nunca es producto del esfuerzo de una sola persona, sino el resultado del trabajo de gente dedicada que pone su empeño en producir un libro de calidad para los lectores.

» Agradezco a mi editora, Nellie Keasling, por su diligencia en lograr que este manuscrito llegará a su versión final.

» También debo reconocer el amor y apoyo de mi esposa, Érica, y mis hijos –Michael Reynolds II, Celenna Loggins, Jonathan Reynolds, y Cicely Reynolds– quienes estuvieron a mi lado en este desafío.

» Finalmente, no puedo dejar de agradecer y reconocer la influencia del Espíritu Santo, cuya presencia diaria me anima a "fortalecerme en el Señor y en el poder de Su fuerza" (Efesios 6:10).

–Dr. Michael Reynolds

Introducción: Comienza la Lección

Imagino que si has tomado este libro es porque estás preocupado por la cantidad y el grado de injusticias raciales que hemos visto en los últimos meses. Comunidades negras, con apoyo africano, están exigiendo más abiertamente que se tomen medidas. Con la mira puesta en los recientes asesinatos de gente de color a manos de oficiales de policía blancos, ha sido imposible ignorar la creciente tensión. Todos hemos aprendido los nombres de muchas de esas víctimas negras: Traywon Martin, Michael Brown, Eric Garner, Breonna Taylor, George Floyd, y tantos más. Sin embargo, mientras escribo estas líneas, veo que el programa de noticias del canal CBS ha publicado recientemente una lista de nombres de 164 personas de color muertas a manos de la policía entre el primer día de enero y el 31 de agosto de 2020. Esto implica por lo menos una muerte por semana e incluye hechos en todos los estados excepto Rhode Island y Vermont.[1] Y me temo que, para cuando el libro sea publicado, la lista será considerablemente más larga.

Todos queremos respuestas. Todos queremos soluciones. Sin embargo, aunque el problema sea tan evidente, la solución no es ni rápida ni simple. Como te mostraré en este libro, la desigualdad entre negros y blancos comenzó incluso antes de la fundación de nuestro país y ha persistido durante cada década desde entonces. Si realmente deseamos resolver los problemas que surgen de la raza, lo primero que debemos hacer es considerar cómo estos problemas surgieron en un principio.

Sé que mucha gente está ansiosa por saltar directamente a las soluciones y estrategias para lograr una mejor armonía e interacción racial, pero espero

1 "Police in the U.S. Killed 164 Black People in the First 8 Months of 2020. These Are Their Names" ['La policía en los Estados Unidos mató a 164 personas de color en los primeros ocho meses de 2020. Estos son sus nombres.'] CBS News, https://www.cbsnews.com/pictures/black-people-killed-by-police-in-the-u-s-in-2020/.

que estés dispuesto a ir un poco más lento. Más que abordar la cuestión racial de arriba hacia abajo, tomaremos un enfoque inverso. Debemos llegar a las raíces. Debemos ver de dónde nacen estos sentimientos y cómo se desarrolló el odio. Creo firmemente que antes de ser capaces de lograr soluciones reales y duraderas a los problemas originados en el aspecto racial, debemos desarrollar un entendimiento mucho más amplio y profundo de cómo se originaron esos problemas.

Yo dicto una clase llamada "¿Qué es la raza?" y compartiré mucho contenido del curso en este libro. Los problemas raciales afectan más áreas de nuestra vida de las que nos damos cuenta. De hecho, he organizado mis ideas en torno a varios tópicos relevantes y, a medida que vayamos avanzando de uno a otro, puede que sientas como si estuvieras avanzando de clase en clase en un día de escuela.

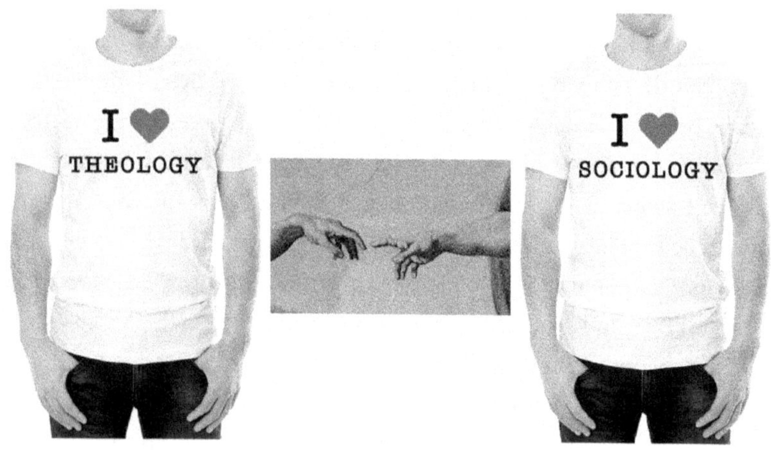

Yo amo la teología / Yo amo la sociología.

Comenzaremos con un poco de biología y sociología; dedicaremos mucho tiempo a la historia; y hasta tomaremos un curso corto de teología. Eventualmente, llegaremos a lo que creo que son algunas soluciones factibles para abordar la tensión racial que tantos de nosotros estamos sintiendo.

Permíteme, sin embargo, comenzar con una aclaración: lo vasto del tema no me permite desarrollar cada evento y cada problemática. Me veré obligado a excluir mucho más de lo que puedo incluir. Por ejemplo, mucha gente interesada en este tema ya tendrá bastante información acerca de lo que está ocurriendo en la actualidad, por lo que he decidido no abordar la controversia en torno al Movimiento Black Lives Matter (Las vidas negras importan) y otros movimientos recientes. Para cuando un libro llegue a la imprenta esos acontecimientos "actuales" ya estarán fechados. Y aunque dedico cinco capítulos a las luchas históricas, fue imposible cubrirlo todo. Si mucho de esto es nuevo para ti, deberás considerar este libro como una introducción al tema y continuar leyendo más sobre el tema por tu cuenta. Al finalizar encontrarás un listado largo de material disponible en inglés.

Por otra parte, dado que la "raza" es un tópico tan amplio, no intenté incluir a todas las etnias. Desafortunadamente, un libro de este tamaño no puede cubrir adecuadamente las historias y problemas de todos los grupos que son típicamente categorizados como raza; por eso me enfocaré principalmente en mi propia cultura, la afroamericana. La mayoría de los grupos étnicos ha enfrentado historias similares de opresión a manos de quienes son mayoría y más poderosos. En su larga y, por momentos, vergonzosa historia, los gobiernos de los Estados Unidos han demostrado, en ocasiones, tratos inhumanos y despreciables no sólo para con los afroamericanos sino también para con los nativos americanos, grupos latinos y asiáticos, entre otros. Cada grupo tiene sus historias particulares pero el sufrimiento es muy similar.

Con todo, espero que no sólo encuentres este libro informativo sino también alentador. Como afroamericano, comparto la confusión, frustración y enojo que sienten tantos afroamericanos que siguen siendo tratados como ciudadanos de segunda clase. Sin embargo, mi abordaje al tema es desde el punto de vista de un pastor, por lo que hago el esfuerzo por recordarme a mí mismo (y al lector) que mi enfoque parte de una mentalidad de amor, esperanza, perdón y gracia.

Demasiado ha sido el daño perpetrado en esta problemática racial. Te animo a lograr un mayor entendimiento de la verdad acerca de la raza, a comprometerte a generar cambios positivos donde sea posible y a trabajar para comenzar a hacer de este mundo un lugar mejor.

¿Por qué seguimos confundidos sobre la raza? Averigüémoslo.

–Dr. Michael Reynolds

mreynolds@churchofgod.org

Tus comentarios acerca de este libro son bienvenidos.

1

Ocho mil millones de hermanos (Biología)

El siguiente relato ocurrió mientras pastoreaba una iglesia en los suburbios de Chicago. Un día, nuestra iglesia recibió un llamado de un pastor que se encontraba viajando a través de Mississippi. Su auto se descompuso cerca de un vecindario predominantemente habitado por gente de raza negra. El diácono que tomó la llamada se acercó a decirme que el pastor se encontraba con toda su familia y que había buscado el teléfono de alguna iglesia local de su misma denominación para pedir ayuda y consejo. Al encontrarse con su familia, supuse que tendría mucho equipaje y cosas que preferiría no dejar en el auto descompuesto. Nosotros nos estábamos preparando para nuestro estudio bíblico de los miércoles por la noche, así que envié a cuatro hombres fuertes para ayudar.

Más tarde, me enteré que había causado una gran sorpresa al pastor de Mississippi. En los Estados Unidos, la gran mayoría de las iglesias de nuestra denominación están predominantemente integradas por personas de raza blanca, incluida la iglesia que pastoreaba el hombre al que estábamos ayudando. Dado que mi iglesia está ubicada en los suburbios de Chicago, el pastor se asustó un poco al ver a cuatro enormes hombres de raza negra que se dirigían decididamente hacia donde se encontraba junto a su familia al costado de la calle. A pesar de esto, estos miembros de mi iglesia trajeron al pastor y su familia a la iglesia para coordinar que su coche fuera remolcado. Ellos querían reservar un hotel, pero ya era de noche, así que insistí en que se quedaran conmigo y mi familia.

AÚN CONFUNDIDOS SOBRE LA RAZA

Al día siguiente, el pastor de Mississippi recibió la noticia de que el problema de su coche era peor de lo que suponía; el motor no servía más y debía ser cambiado. Lo que iba a ser una estadía de una sola noche se convirtió en una visita de una semana. Luego, cuando recibió la factura de lo que había costado la reparación de su automóvil, resultó ser más de lo que podía pagar. El pastor contactó a su iglesia pero se sentían indecisos en enviar el dinero, así que yo le aseguré que nuestra iglesia se podía hacer cargo del costo del arreglo. Percibí que pertenecía a una iglesia con algunas dificultades y, aunque era una cantidad considerable, pensé que estábamos haciendo lo correcto con un ministro de Dios.

Una vez reparado el coche, mientras se preparaba para partir, me preguntó: "¿Puedo contarte una historia?"

"Seguro", le contesté.

"¿Damos un paseo?" me preguntó.

Comenzamos a caminar por mi vecindario. Sin aviso, me abrazó poniendo su brazo alrededor de mi hombro. Yo soy un hombre de un tamaño considerable, pero este pastor medía 1,95m, pesaría alrededor de 150kg, y básicamente me ví totalmente absorbido por él. No creo que se haya dado cuenta de lo fuerte que me estaba abrazando. Era evidente que era un momento muy emotivo para él. Me confesó: "Yo soy hijo y nieto de miembros del Ku Klux Klan, crecí usando sus vestimentas, pero conocí a Cristo. En ese momento, pensé que me había sacado todo el racismo. Pensé que estaba resuelto. Ya no hablaba al respecto. No iba por ahí haciendo declaraciones. Hasta que estuve en este lugar, no me había dado cuenta de lo poco que realmente sabía al respecto. Nunca había pasado una noche en la casa de una persona de raza negra, ni había comido su comida. Todo lo que me ha ocurrido en este lugar sería considerado como algo terrible por mi familia y por mí mismo en mi vida pasada. Estarían horrorizados de sólo pensar que me he quedado en tu casa, comido contigo, asistido a la iglesia contigo y dependí de ti para cubrir los gastos de mi auto. Me has tratado mejor de lo que me ha tratado mi propia iglesia. Verdaderamente tú eres un hermano. Creo que has quebrado las últimas barreras que me estaban impidiendo trascender aquello que solía ser. No creo que hubiera sido posible sin esta experiencia que he tenido contigo".

Lloramos juntos por unos momentos y nos abrazamos antes de regresar hasta su automóvil. Se subió, bajó la ventanilla y agregó: "¿Sabes que más te quiero decir? Realmente quisiera que vinieras a Mississippi a predicar en mi iglesia, pero no es posible. Todo esto me ha hecho darme cuenta de cómo el "mundo de blancos" en que vivo sigue intacto. Sería imposible que tú predicaras desde mi púlpito. No lo tomes como un insulto, pero realmente me siento mal por no invitarte a predicar. Sin embargo, quisiera que, de alguna manera, podamos hacer que esta relación crezca".

ABORDANDO EL ASPECTO RACIAL

A menos que hayas estado apartado del mundo, sin acceso a internet y a los medios de comunicación, probablemente hayas escuchado mucho acerca del aspecto racial en nuestra nación y en el mundo últimamente. Mucho de lo que se ha dicho ha sido perturbador. No es que no hayamos tratado de sanar las heridas que se han acumulado tras siglos de conflicto racial. Hemos marchado, reclamado y protestado. Hemos debatido, abolido la segregación y legislado al respecto. Aun así, la mayoría de la gente se siente frustrada con la desigualdad racial actual. Otros creen haber entendido las diferencias raciales, pero puede que, así como mi amigo pastor de Mississippi, no tengan idea de la verdadera desigualdad que se vive. Tal vez creen "entenderlo" porque nunca se han visto verdaderamente confrontados por la realidad.

LO QUE NO ES EL ASPECTO RACIAL

Cuando hablamos del aspecto racial, a veces resulta fácil o conveniente suponer muchas cosas al respecto. Para muchos, es algo que "lo reconoces cuando lo ves". El problema es que eso no es necesariamente verdad. Lo que vemos e identificamos como diferencias raciales puede no ser correcto.

Al abordar el aspecto racial, debemos comenzar con algunas verdades biológicas que nos sirvan de base para comprender. Mucha gente intenta utilizar la biología para explicar la raza, pero sus conclusiones no siempre son acertadas ni creíbles. Hacen algunas observaciones y dictaminan: "La raza es algo innato. Tiene que ver con la forma en que alguien fue creado" (o tal vez, algunos dirían, la forma en que la evolución los ha hecho). Pero la biología nos cuenta algo distinto. Un análisis genético demuestra que el mundo está compuesto de personas que se parecen mucho más de lo que pudieran imaginar.

Tal vez hayas visto alguna serie en televisión donde el ADN de un sospechoso haya sido encontrado en la escena del crimen, los detectives llevan la muestra al laboratorio y reciben un informe que dice que el sospechoso es, por ejemplo, afroamericano. Cuando veas algo así tienes que recordar que eso no es más que un programa de televisión. El hecho es que *la genética no puede detectar mediante la sangre diferencias que permitan determinar la raza de la persona.* Un estudio reciente realizado por científicos de la Universidad de Stanford concluyó lo siguiente:

> No hay evidencia de que los grupos que comúnmente llamamos "razas" tengan identidades genéticamente uniformes y distintivas. De hecho, hay una amplia variedad dentro de las mismas razas. Incluso, hay tanta ambigüedad entre razas y tanta variación dentro de la misma raza que dos personas de ascendencia europea pueden, genéticamente, parecerse más a una persona asiática que lo que se asemejan entre sí.[2]

Muchas veces se supone que, por compartir marcadores genéticos con gente originaria de una determinada parte del mundo, podemos inferir la raza de esa persona. Sin embargo, no hay nada en tu sangre, saliva o en cualquier otra parte de tu cuerpo que pueda determinar tu raza. La raza no tiene nada que ver con la nacionalidad ni la etnicidad.

Este hecho nos lleva a una segunda verdad: dado que no es una realidad biológica, *la raza no es más que un concepto humanamente elaborado.* Alguien inventó el concepto de raza. Vieron diferencias en la coloración de la piel y los rasgos faciales e infirieron otras diferencias –algunas increíblemente amplias– que en realidad no existen. En esencia, la raza fue creada porque un grupo de personas deseaba encontrar una manera de sentirse superior, y la forma en que lo hicieron fue haciendo que otro grupo se sintiera inferior sólo por verse un poco distintos. Con el tiempo, algunos grupos comenzaron a subyugar a otros, convencidos de que la raza les daba el derecho de controlar a dichos grupos. Antes de conocer el ADN, la gente podía presuponer que la raza era un hecho

2 Vivian Chou, *"How Science and Genetics Are Reshaping the Race Debate of the 21st Century"* ['Cómo la Ciencia y la Genética están transformando el debate racial en el siglo XXI'], *Science in the News,* Harvard University Graduate School of Arts and Sciences, Abril 17, 2017, http://sitn.hms.harvard.edu/flash/2017/science-genetics-reshaping-race-debate-21st-century/

biológico. Lo cierto es que esa presunción no puede ser justificada porque simplemente no es verdad.

Esto nos lleva a un tercer punto: *la definición de raza cambia con el tiempo.* Los capítulos siguientes te mostrarán cómo se formaron las creencias originales acerca de la raza y lo velozmente que esas percepciones cambiaron. A medida que las distintas culturas definían la raza en términos de color, esos cambios comenzaron a ocurrir más rápidamente, muchas veces a partir de la necesidad de un grupo de mantener el poderío económico y social.

Por ejemplo, ¿qué significaba para la gente de color ser "negro"? Originalmente, significaba que el origen de, por lo menos, un cuarto de tu linaje venía de un ancestro de raza negra. Si uno de tus abuelos era negro, tú también lo eras. Más adelante, la definición se extendió hasta un octavo, un dieciseisavo, y así hasta que en la época de Jim Crow en el Sur se estableció la "regla de una gota". Durante ese tiempo, una sola gota de "sangre negra" determinaba que una persona fuera Negra.[3] Para ese entonces, la "raza" no tenía nada que ver con la biología y todo que ver con un deseo de vernos socialmente separados los unos de los otros.

Una pregunta igualmente confusa es "¿Qué significa ser 'blanco'?" ¿Cómo clasificas a los nativos americanos? ¿A los aborígenes australianos? En un tiempo, ni siquiera los irlandeses eran considerados como blancos. En su libro, *How the Irish became White (Cómo los irlandeses se volvieron blancos)*, el autor Noel Ignatiev comienza la introducción presentando el mismo punto que estamos planteando aquí:

> Ningún biólogo ha sido capaz de ofrecer una definición convincente de "raza" –es decir, una definición que incluya a todos los miembros de una determinada raza y excluya a todos los demás. Los intentos de darle un fundamento biológico al término "raza" generaron absurdos: padres e hijos de distintas razas, o el muy conocido fenómeno de que una mujer blanca puede dar a luz a un niño negro. La única conclusión lógica es que la gente pertenece a distintas razas simplemente porque han sido asignadas a ellas.[4]

3 F. James Davis, *"Who Is Black? One Nation's Definition"* ['¿Quién es negro? La definició de una nación'] *Frontline*, https://www.pbs.org/wgbh/pages/frontline/shows/jefferson/mixed/onedrop.html

4 Noel Ignatiev, "How the Irish Became White" ['Cómo los irlandeses se volvieron blancos'] (New York, Routledge, 1995), p. 1.

AÚN CONFUNDIDOS SOBRE LA RAZA

No son el color de nuestra piel ni nuestras características físicas las que determinan quiénes somos. Observa las fotos de padres muy similares en términos de lo que algunos llaman raza junto a sus hijas mellizas. Las fotos de las hijas son de cuando eran muy pequeñas y luego, nuevamente cuando eran adolescentes. Son mellizas de nacimiento, nacidas del mismo vientre, al mismo

Las hijas en esta familia son mellizas. Nacieron del mismo vientre, al mismo tiempo. Sin embargo, sus rasgos físicos son notablemente distintos.

tiempo. Aún así, una tiene piel blanca y ojos azules y la otra tiene piel oscura y ojos marrones. Cualquiera podría clasificar a una como "blanca" y a la otra como "negra", pero es claro que no hay ninguna diferencia biológica entre ellas.

La Máquina de la Raza Humana, un proyecto de arte público diseñado por Nancy Burson, es un dispositivo computarizado que, con el clic de una cámara digital, permite a las personas ver el aspecto que tendrían con los rasgos faciales y las gradaciones del color de la piel de seis nacionalidades diferentes. Sin embargo, se han realizado estudios para identificar cómo las personas reaccionan a estas "distintas personas", y los investigadores han recibido respuestas sorprendentes. Preguntan cuál parece ser más confiable… cuál parece más íntegra… en cuál se puede confiar más. La variedad de las distintas respuestas de las personas de distintas razas refleja mucho más todo aquello que les ha sido inculcado al respecto de las distintas razas que lo que efectivamente estaban viendo sus ojos. Muchas de nuestras opiniones acerca del color parecen estar mucho más arraigadas en los prejuicios heredados que en lo que nuestros propios ojos ven. Todos nosotros, a excepción de los albinos, tenemos melanina en nuestro organismo. La cantidad de melanina determina nuestro color de piel, que puede variar de muy, muy clarito, a muy, muy oscuro.

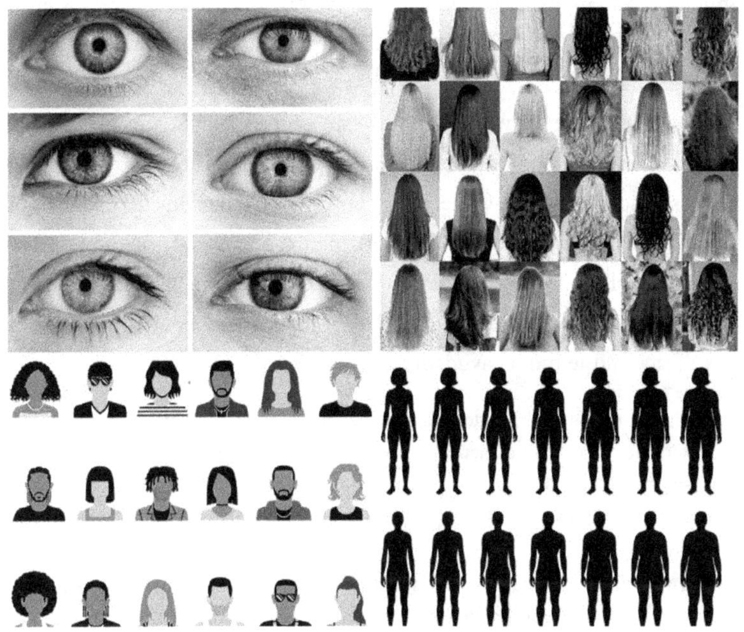

OCHO MIL MILLONES DE HERMANOS

Más allá de las diferencias de color de piel y algunas otras diferencias físicas menores, los seres humanos son mucho más parecidos entre sí que cualquier otra especie en la Tierra. El Instituto Nacional de Investigación del Genoma Humano ha determinado que la similitud genética de cualquier ser humano con cualquier otro ser humano es de un 99,9%. Eso significa que la persona sentada a tu lado es un 99,9% igual a ti. Ese porcentaje no se ve afectado por el género de la persona, ni por su color de piel, ni de qué país sea. De hecho:

En cierta forma, la genética se burla de la raza. Las características de variaciones humanas normales que usamos para determinar las amplias categorías de raza –como ser Negro, Asiático o Blanco– son, generalmente, elementos como el color de piel, características morfológicas, textura del cabello, los cuales están codificados biológicamente.

Pero cuando observamos los genomas completos de gente de todo el mundo, vemos que esas diferencias representan una fracción mínima de las diferencias entre las personas. Por ejemplo, hay más diversidad genética *dentro* de la misma África que en todo el resto del mundo. Si tomas a alguien de Etiopía y a alguien de Sudán, es probable que sean genéticamente *más* diversos entre sí que lo que cualquiera de ellos puedan diferir de una persona en cualquier otro lugar del planeta.[5]

¿Te das cuenta de cuán poderoso es este hecho? No hay árboles, ni flores, ni plantas, ni peces, ni siquiera simios que sean genéticamente tan similares como lo son los humanos. Quiero ser claro: yo no soy científico pero lo poco que puedo entender de la genética es fascinante. Las conversaciones acerca de los genomas, el ADN y los cromosomas pueden ser un poco confusos para nosotros, los pastores, o cualquier otra persona que no sea científica, pero hay una explicación que me ha ayudado:

> Un genoma es la totalidad del material genético de un ser vivo. Es el conjunto completo de instrucciones hereditarias que determinan la constitución y el funcionamiento de un organismo y la forma en que se transmitirá la vida hacia la próxima generación.
>
> En la mayoría de los seres vivos, el genoma humano está compuesto por algo llamado el ADN. El genoma contiene genes que están envasados en cromosomas y que afectan a las características específicas del organismo.
>
> Imagínate estas relaciones como un conjunto de cajas chinas que se encuentran una dentro de la otra. La caja más grande representa el genoma. Dentro de ella, hay una caja más pequeña que representa a los cromosomas. Dentro de ella hay otra caja que representa a los genes, y, finalmente, dentro de ella, está la caja más pequeña que se llama ADN...
>
> Cada especie en la Tierra tiene su propio genoma distintivo: el genoma de los perros, el genoma del trigo, el genoma de la vaca, el virus de la gripe, el de la lechuga, el de la *Escherichia coli* (la bacteria que vive en el intestino humano y en los intestinos animales), y así con cada especie.
>
> Así que los genomas pertenecen a las especies, pero también a los individuos... A menos que seas gemelo idéntico, tu genoma es distinto al de cualquier otra persona en la Tierra–de hecho, es distinto al de cualquier persona que jamás haya existido.[6]

---

5 Simon Worrall, citando al genetista británico Adam Rutherford en *"Why Race Is Not a Thing, According to Genetics"* ['Por qué la raza no existe, según la genética'], *National Geographic*, Oct. 14, 2017, https://www.nationalgeographic. com/news/2017/10/genetics-history-race-neanderthal-rutherford/.

6 Sarah E. DeWeerdt, *"What's a Genome?"* ['¿Qué es un genoma?'] Genome News Network, Enero 15, 2003, http:// www.genomenewsnetwork.org/resources/whats_a_genome/Chp1_1_1.shtml#genome1.

Mientras más cercanas sean dos personas, más similares serán sus genomas. Si comparases tu genoma con el de cualquier otra persona, encontrarías (si te tomaras el tiempo de contar) más de tres millones de diferencias. Sin embargo, hemos dicho que en términos de nuestro ADN nos parecemos en un 99,9%. Piénsalo de esta otra manera:

> Si el genoma fuera un libro, cada persona contendría los mismos párrafos y capítulos, ordenados de la misma manera. Cada libro contaría más o menos la misma historia. Pero mi libro podría contener un error de tipeo en la página 303 que el tuyo no tuviera, y tu libro podría utilizar una palabra en español más antiguo en la página 135 donde mi libro utiliza una palabra en español más actual.[7]

Puede resultar desconcertante pensar que eres un 99,9% idéntico a cualquier otro ser humano en el planeta (población actual: 7,8 mil millones). A mí, que me aproximo a esta temática de la raza desde la perspectiva de un pastor y una persona afroamericana, me emociona mucho este descubrimiento. Esto me habla a gritos de quién es Dios. No sé cómo interpretan estos descubrimientos los altamente calificados científicos que realizan los estudios, pero para mí esto confirma que realmente hubo un Adán y una Eva.

La Biblia no sólo nos dice que Dios nos creó sino también que nos hizo a Su imagen (Génesis 1:27). Siempre creí que esto era verdad. Por fe creía que yo había sido creado a imagen de Dios, al igual que todos los demás. Ahora que los genetistas comienzan a descifrar cuán similares somos los humanos entre nosotros, pareciera que están descubriendo algo que Dios declaró hace mucho tiempo. Por debajo de las pieles de distinto color, y de las diferencias físicas, y de las distintas culturas, debemos empezar a vernos más como Dios nos ve: similares… iguales.

Entendiendo que las personas de distinto color de piel son tan sorprendentemente similares, deberíamos darnos cuenta de lo penoso que es oprimir, discriminar y mostrar prejuicios para con otros. Dedicaremos buena parte de los próximos capítulos a discutir esto.

¿Por qué seguimos aún confundidos sobre la raza? Un motivo es que la gente emite juicio a partir de lo que ve, y lo que uno es capaz de ver no muestra todos los hechos. La ciencia confirma que, más allá de las diferentes coloraciones de piel y demás rasgos físicos, todos los humanos somos esencialmente iguales.

---

7 Sarah E. DeWeerdt, *"Genome Variations"* ['Variaciones genómicas'] Genome News Network, Enero. 15, 2003, http:// www.genomenewsnetwork.org/resources/whats_a_genome/Chp4_1.shtml.

AÚN CONFUNDIDOS SOBRE LA RAZA

Sin embargo, esas diferencias visibles en el color de la piel han sido suficientes para llevarnos a generar distinciones entre "razas", y de esas distinciones nace la división. Aprenderemos más sobre esto desde el punto de vista sociológico.

2

Destrozando el mito de la raza (Sociología)

Ahora que hemos tenido una breve lección de biología, probablemente tengas algunas preguntas. La biología no logró responder la gran pregunta que nos hacemos: "¿Qué es la raza?" Biológicamente, todas las "razas" que definimos son prácticamente idénticas por debajo de la piel. Eso nos lleva a la siguiente pregunta: ¿Si somos un 99,9% iguales, por qué nos vemos tan distintos?

FENOTIPOS

En una palabra, la respuesta es *fenotipos*. Un *fenotipo* "es lo que puedes observar acerca de las propiedades físicas de un organismo". El ADN contiene los genes que determinan ciertos rasgos físicos, pero esos rasgos pueden variar por la diferencia de los entornos. Tus fenotipos están determinados tanto por tus cualidades genéticas heredadas como por tus entornos. En el mundo animal, los fenotipos explican por qué los flamencos son rosados–nacen blancos pero su dieta les da ese distintivo color rosado. Los fenotipos demuestran cómo los animales de la misma familia pueden verse tan distintos a veces, como por ejemplo la variedad de tonos de los perros labradores, las distintas longitudes de alas de los pájaros de distintas especies, y otras pequeñas variaciones que ocurren en la naturaleza.

Entre los humanos, los fenotipos más prominentes incluyen el color de ojos, las características del pelo, la tonalidad de la piel y la forma del cuerpo. Todos los ojos son iguales en términos funcionales, en lo que hace a su composición, ubicación en el cuerpo e interrelación con el resto de las partes del cuerpo. En otras palabras, todos los ojos *ven* igual, aunque no *se vean* iguales. La mayoría son azules o marrones, y algunos tienen otras tonalidades a causa de las combinaciones genéticas.

A veces, algunas variaciones físicas son establecidas a lo largo de períodos extendidos de tiempo. Gente que vive en climas cálidos y lugares muy soleados, tienen mayor exposición a radiación UV lo cual hace que la melanina existente en la piel se oscurezca, causando una coloración más oscura para brindar una mejor protección del sol que personas en el Ártico no necesitan. [8] Otras veces, las elecciones personales pueden marcar una diferencia significativa en un fenotipo en un corto período de tiempo. Puedes heredar una predisposición a tener un cuerpo delgado y buena salud, pero si tu dieta está basada en alimentos grasosos y nunca te ejercitas, tu entorno se impondrá sobre tu genética y verás cómo tu figura deja de ser tan delgada. No puedes cambiar tus genes y no siempre puedes hacer mucho con respecto a tu entorno, pero tus decisiones personales siempre dependen de ti.

(Debido a que los fenotipos están definidos como el conjunto de propiedades físicas observables, incluyen características como niveles de hormonas o células de la sangre que pueden ser medidas en un laboratorio.)[9]

INTENTOS DE CLASIFICAR LAS RAZAS

Stephen Jay Gould fue un renombrado paleontólogo y uno de los biólogos evolucionistas más influyentes en el siglo XX. Él comenzó un artículo acerca de la raza planteando la siguiente pregunta: "¿Por qué debería nombrarse al grupo racial más común del mundo occidental a partir de una cadena montañosa ubicada entre Rusia y Georgia?"

¿Alguna vez te preguntaste por qué la gente blanca es llamada "caucásica"? El nombre nace con otro notable científico que vivió dos siglos antes que Gould, un anatomista y naturalista alemán llamado Johann Friedrich Blumenbach. Su disertación del año 1975, titulada *Acerca de la Unidad de la Humanidad* es considerada como el puntapié inicial de la antropología. Blumenbach fue uno de los científicos más reconocidos de la Ilustración, aunque su trabajo haya resultado en siglos de lucha racial. Él había estado siguiendo el trabajo de

8 Molly Campbell, *"Genotype vs. Phenotype: Examples and Definitions"* ['Genotipo vs. Fenotipo: ejemplos y definiciones'] *Genomics Research from Technology Networks*, Abr. 18, 2019, https://www.technologynetworks.com/genomics/ articles/genotype-vs-phenotype-examples-and-definitions-318446.

9 "Phenotype / phenotypes" ['Fenotipo/fenotipos']*Scitable* por Nature Education, https://www.nature.com/scitable/ definition/phenotype-phenotypes-35/.

Carolus Linnaeus, el científico sueco "padre de la taxonomía moderna" a quien se atribuye la creación del primer método sistemático para nombrar plantas y animales. Linnaeus había categorizado a los humanos en cuatro categorías principales, basadas fundamentalmente en ubicaciones geográficas:

> En este trabajo [*Sistema Natura* (1758)], Linnaeus utilizó la geografía continental y un esquema de color que dividió al hombre en blancos europeos, asiáticos oscuros, rojos americanos y negros africanos. Como era usual en la época, muchas de las "características" utilizadas por Linnaeus para clasificar las razas eran bastante subjetivas y poco científicas como, por ejemplo, los "esperanzados" europeos, "los tristes y rígidos" asiáticos, los "irascibles" nativos americanos y los "tranquilos y perezosos" africanos.[10]

Parece claro, a partir de esta corta descripción, que Linnaeus creía, como muchos en aquel tiempo, en la superioridad de los pueblos europeos sobre los demás. Sin embargo, también queda claro que sus clasificaciones se basaban tanto en la geografía como en las otras características. Su listado oficial comienza con los nativos americanos. Si hubiera pretendido establecer una jerarquía, seguramente hubiera comenzado con los europeos.

Blumenbach había seguido el trabajo de Linnaeus de cerca y, él también, comenzó dividiendo a los seres humanos en cuatro grupos. Fue entonces que escogió la palabra "Caucásico" para describir a los blancos europeos y no fue por razones científicas objetivas. Según el artículo de Gould, "la definición de Blumenbach cita dos razones para su elección –la belleza máxima de la gente de esta pequeña región y la probabilidad de que los humanos fueran creados inicialmente en esa área".

Fue el enamoramiento de Blumenbach con la belleza de la gente que vivía en las montañas del Cáucaso que determinó que asignara a la gente de color claro el título de "caucásicos". Sin embargo, al revisar su trabajo, Blumenbach añadió una quinta categoría a su versión final de 1795, cuyo resultado fue:

» La variedad Caucásica, para la gente de piel clara de Europa y las partes adyacentes de Asia y África;

» La variedad Mongólica para la mayoría de las habitantes de Asia, incluidos China y Japón;

10 Kenneth E. Barber, *"Johann Blumenbach and the Classification of Human Races"* ['Johan Blumenbach y la clasificación de las razas humanas'] Encyclopedia.com, Dic. 7, 2020, https://www.encyclopedia.com/science/encyclopedias-almanacs- transcripts-and-maps/johann-blumenbach-and-classification-human-races.

- » La variedad Etíope para la gente de piel oscura de África;
- » La variedad Americana para la mayoría de las poblaciones nativas del Nuevo Mundo; y
- » La variedad Malaya para los Polinesios y Melanesios del Pacífico y para los aborígenes de Australia.

Es aquí donde la raza comienza a jugar su partido. Gould explica:

> Este cambio parece menor. ¿Por qué, entonces, atribuimos a Blumenbach, en lugar de Linnaeus, la fundación de la clasificación racial? El motivo, aparentemente, es que el pequeño cambio de Blumenbach en realidad refleja un cambio teórico que no podría haber sido más amplio y portentoso.
>
> Al moverse del sistema de cuatro razas de Linnaeus a su propio esquema de cinco razas, Blumenbach cambió radicalmente la geometría del ordenamiento humano de un modelo basado en la geografía a uno basado explícitamente en un ordenamiento jerárquico de valor, extrañamente basado en la belleza percibida, y que se abría en dos direcciones a partir de un ideal Caucásico. La adición de la categoría malaya fue crucial en esta reformulación geométrica…
>
> El cambio de una ordenación geográfica a una jerárquica de la diversidad humana debe considerarse como una de las transiciones más fatídicas de la historia de la ciencia occidental—pues ¿qué, aparte de los ferrocarriles y las bombas nucleares, ha tenido un impacto más práctico, en este caso casi totalmente negativo tan grande en nuestras vidas? Irónicamente, Blumenbach es el centro de este cambio, ya que su esquema de cinco razas se convirtió en canónico y cambió la geometría del orden humano, pasando de la cartografía linneana a la clasificación lineal, –en otras palabras, a un sistema basado en un presunto valor.
>
> Digo irónicamente porque Blumenbach era el menos racista y más genial de los pensadores de la Ilustración. Qué peculiar que el hombre más comprometido con la unidad humana y las diferencias morales e intelectuales inconsecuentes entre grupos, haya cambiado la geometría mental del ordenamiento humano a un esquema que ha servido para fomentar el racismo desde desde entonces.[11]

Múltiples fuentes confirman que Blumenbach difícilmente podría ser acusado de racismo. Era una de las personas más iluminadas de su tiempo. Él, específicamente, refutó la noción de que los africanos portaban características físicas de inferioridad: “No hay ningún carácter tan peculiar y tan universal

11 Stephen Jay Gould, "*The Geometer of Race*" ['El geómetro de la raza'] *Discover*, Nov. 1, 1994, https://www.discovermagazine.com/mind/the-geometer-of-race.

entre los etíopes, que no pueda ser visto de igual manera en otras variedades de humanos".

> Los cambios en el color de piel, dijo, podían ocurrir a lo largo de muchas generaciones, ya sea de más claro a más oscuro o de más oscuro a más claro: "El color, cualquiera sea su causa, ya sea la bilis o la influencia del sol, el aire o el clima, es, en todo caso, una cosa extraña y cambiante, y nunca puede constituir una diversidad de especies". Blumenbach defendió la unidad moral y mental de toda la gente, y creía firmemente que los negros africanos y los blancos europeos tenían la misma condición. Una biblioteca especial en su casa estaba compuesta exclusivamente por obras de autores negros. Sin embargo, dado que el modelo de Blumenbach implicaba un ordenamiento jerárquico basado en la apreciación subjetiva de que cierta gente europea era "la más bella raza humana", su obra fue utilizada en las generaciones siguientes para justificar el racismo.[12]

La "raza" fue un término utilizado probablemente desde los años 1400, pero comenzó a ser más ampliamente utilizado luego de las obras de Linnaeus y Blumenbach. Johann Blumenbach nunca podría haber anticipado el resultado a largo plazo de su trabajo. Ciertamente no sería algo que hubiera apoyado:

> Gradualmente, se fue volviendo obvio que la variación humana no estaba basada en la diferencia de genes sino en la variación de la frecuencia de esos mismos genes compartidos por todas las poblaciones humanas. Ningún sistema de clasificación que dividiera a los humanos en distintas especies, o incluso subespecies, podía sostenerse a la luz de la ciencia.
>
> Aun así, hacia fines del siglo XIX, la idea de una jerarquía de razas que elevaba algunas naciones y pueblos sobre otros, era ampliamente aceptada por muchos en las clases altas de Europa, Gran Bretaña y los Estados Unidos. Los ricos y poderosos creían que su situación y posición de superioridad estaba justificada y asegurada por la naturaleza. El dogma teológico se entrelazó en este debate y se hicieron muchos intentos de separar las razas en un patrón supuestamente diseñado por el Creador.
>
> De esta manera, las razas eran incorrectamente vistas como predeterminadas, puras y fijas en su forma actual. Esta creencia errónea ha sobrevivido hasta el presente a pesar de los avances de la evolución, la genética y la psicología.[13]

12 Ibid.

13 Barber, *"Johann Blumenbach…"*

Otro autor, Raj Bhopal, concluye:

> El trabajo de Blumenbach fue un punto de desviación en la historia de la raza y la ciencia, aunque fue recién 200 años después que se aprendió verdaderamente la lección. El legado de Blumenbach se vio empañado por sesgos y errores, y nos enseña que, incluso los grandes científicos pueden ser llevados por mal camino por sus impresiones personales (como las nociones de belleza), moldeadas por las características de su época... El nombre de Blumenbach ha sido asociado al racismo científico, aunque sus argumentos en realidad socavan el racismo. Blumenbach no podría haber imaginado el abuso que se haría de sus ideas y su clasificación en el siglo XIX y primera mitad del siglo XX.
>
> Aún hoy luchamos con la complejidad de los conceptos de raza y etnicidad, y las resultantes clasificaciones imperfectas en un mundo multiétnico. En la actualidad, todas las variedades de Blumenbach pueden ser vistas en prácticamente cualquier ciudad grande del mundo y a través de los medios visuales, en todo el mundo. El pensamiento de Blumenbach, a pesar de sus fallas, sigue siendo relevante, inspirador e iluminador.[14]

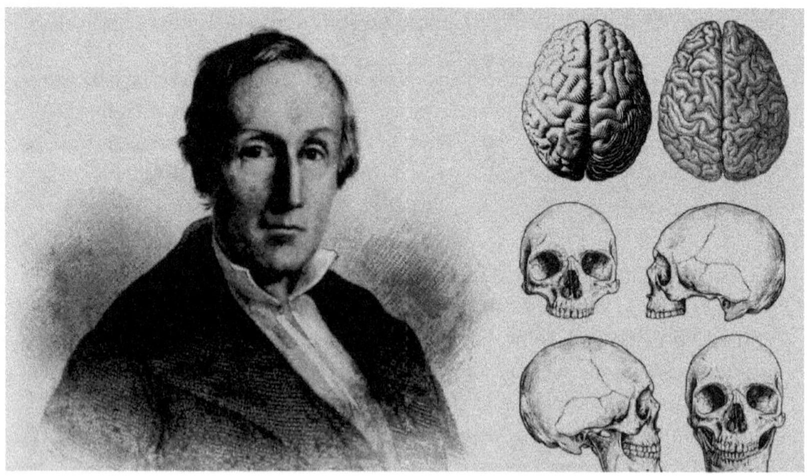

El médico y profesor de anatomía Samuel Morton creía poder medir la capacidad intelectual de las personas a partir de la medición y comparación de los tamaños de sus cráneos.

Samuel Morton fue un doctor de los Estados Unidos que vivió en la primera mitad del siglo XIX. Él no creía en la historia bíblica de la creación, y se propuso demostrar su hipótesis de que los seres humanos estaban compuestos

14 Raj Bhopal, *"The Beautiful Skull and Blumenbach's Errors: The Birth of the Scientific Concept of Race"* ['La calavera hermosa y los errores de Blumenbach: El nacimiento del concepto científico de raza'] *BMJ*, Dic. 22, 2007, https://www.ncbi.nlm.nih.gov/pmc/articles/ PMC2151154/.

por distintas especies, en lugar de variaciones de la misma especie. Pensaba que podía diferenciar las especies midiendo su capacidad intelectual, y procuró hacerlo midiendo y comparando el tamaño de los cráneos. Comenzó a recolectar cráneos de los cinco grupos que había identificado: etíopes (africanos), nativos americanos, caucásicos, malayos y mongoles. Llegó a recolectar alrededor de novecientos cráneos. Literalmente midió la circunferencia de cada cráneo para saber qué tan grande era, pero comenzó con el preconcepto de que los caucásicos tendrían cabezas más grandes que los demás. Tenía, además, la falsa suposición de que cabezas de mayor tamaño implicaban cerebros de mayor tamaño, lo cual implicaba una mayor inteligencia. (Ni siquiera consideró el tamaño corporal que podría ser un mejor indicador. La gente con cuerpo más grande tiene cerebro más grande).

Morton utilizó semillas de pimienta, y más adelante cartucho de plomo para llenar los cráneos y ver en cuáles cabían más. Su conclusión fue que los caucásicos tenían los cráneos más grandes y los africanos los más pequeños. La mayoría de la gente que estudia su trabajo cree que sus medidas eran minuciosas y bien intencionadas. Pero como alguien dijo, "El hecho de que los datos de Morton no tuvieran un sesgo, no implica que su ciencia no estuviera sesgada". Las categorías raciales que había determinado no tenían ningún fundamento biológico. Por lo tanto, Morton es recordado como responsable de cometer "racismo científico", y su trabajo fue citado durante mucho tiempo para justificar la esclavitud.[15]

Permíteme ilustrarte la magnitud del impacto del estudio de Morton. A mediados de los 1800, mientras se producían los fuertes debates entre las facciones abolicionistas y las esclavistas, el gobierno intentaba mantener un equilibrio entre los estados libres y los esclavistas. (Veremos más detalles en capítulos siguientes). Texas estaba aplicando para ser un Estado y deseaba ser un Estado esclavista, a lo cual se oponían los abolicionistas. Al llegar Abraham Lincoln a la presidencia, algunos temían que se pusiera de parte de los abolicionistas. Cuando se tomó la decisión oficial, se utilizó el estudio sesgado, incorrecto y poco científico del Dr. Morton para "demostrar" que los menos inteligentes negros necesitaban que los blancos los dirigieran. La facción

15 Paul Wolff Mitchell y Janet Monge, "A New Take on the 19th-century Skull Collection of Samuel Morton" ['Una nueva mirada a la colección de calaveras de Samuel Morton'] *Science Daily*, Oct. 4, 2018, https://www.sciencedaily.com/ releases/2018/10/181004143943.htm.

esclavista triunfó y Texas fue incorporado como Estado esclavista. Cuando esto ocurrió, básicamente se inició la cuenta regresiva hacia la Guerra Civil.

En estudios posteriores, se han examinado y medido todas las partes del cuerpo de las personas negras –las manos de un hombre negro, los pies del hombre negro, la cabeza del hombre negro. ¿Por qué? Porque había un deseo constante de encontrar una evidencia científica de que los negros eran distintos a (más específicamente, inferiores a) los blancos. En ninguno de esos estudios encontraron alguna diferencia. Y, en algunos casos, donde no obtenían los resultados que deseaban, los investigadores simplemente falseaban los datos. Querían pruebas para las diferentes razas, pero la ciencia no puede demostrar algo que no es cierto.

DESTROZANDO EL MITO DE LA RAZA

Entonces... hemos visto que la gente ve distintos colores de piel y apunta a la biología como el determinante de la "raza", sin embargo, la biología insiste en que todos los humanos se parecen en un 99,9%. También nos alerta acerca de los fenotipos que, si bien crean distinciones claramente observables en rasgos físicos como el color de piel y de ojos, las diferencias que generan son meramente cosméticas, absolutamente inconsecuentes en hacer que un grupo de personas sea mejor o peor que otro. Sin embargo, aunque la ciencia niegue la validez de la superioridad de un grupo sobre otro (en particular cuando nos referimos al color de piel), ese concepto sigue vivo porque muchos en la sociedad *escogen* distinguir entre grupos de personas basándose en estándares tan superficiales. Los conflictos raciales no están arraigados en las verdades de la ciencia. La raza no es una cuestión de biología; sino que es una trágica consecuencia de una sociología equivocada.

La mayoría de nosotros tenemos alguna combinación de teología (creencias religiosas basadas en experiencia personal e investigación) y sociología (lo que nos ha sido enseñado, observaciones, prejuicios y esfuerzos por entender las cosas). Para llegar a una comprensión útil y sana de la raza debemos asegurarnos de que nuestra teología venga primero y nuestra sociología –la forma en que entendemos el mundo– le siga. Pero demasiada gente en el mundo ha permitido que la sociología sea la que afecte a la teología. Han creado una sociología que se volvió casi divina. La sociología no debería determinar quiénes somos. Lo que somos en realidad es hijos de Dios. Ciertamente, celebro ser afroamericano. Estoy orgulloso de mi distinción cultural. Pero, antes que nada, pertenezco al Cuerpo de Cristo, y soy hermano de quienquiera que forme parte del Cuerpo de Cristo. Este entendimiento debe estar por encima de mi etnicidad.

Sin embargo, gran parte de la nación, durante los siglos XIX y XX, puso la sociología por encima de la teología y utilizó mal el trabajo de Linnaeus y Blumenbach para establecer una jerarquía de razas donde se consideraba a la gente de tez más oscura como de un nivel inferior a la gente blanca.

Otra razón por la cual la "raza" se convirtió en un tema tan crítico durante el siglo XIX fue la codicia. Los Estados Unidos se estaban volviendo, rápidamente, una de las naciones más poderosas del mundo y uno de sus grandes recursos era el algodón. Además, los Estados Unidos ofrecían al mundo tabaco, azúcar y otros bienes que se obtenían a partir de la siembra y la cosecha realizada con mano de obra esclava. La esclavitud movía la economía. Los terratenientes e inversores que se volvían alevosamente ricos con la mano de obra gratuita no se cuestionaban si era justo o no tener esclavos.

Los afroamericanos no eran la única fuerza laboral. Sirvientes de distintos lugares de Europa también accedían a servir hasta que sus deudas fueran pagadas, pero si eran maltratados o abusados podían huir y mezclarse con los residentes de alguna ciudad cercana. Los afroamericanos, en cambio, eran fácilmente identificables si intentaban escapar y no tenían manera de regresar a sus tierras de origen. Como verás a lo largo de este libro, una vez que la sociedad aceptó la subyugación de la gente de piel negra, los intentos de resolver esta tremenda ofensa han durado hasta el día de hoy. En los próximos capítulos veremos numerosos ejemplos, a lo largo de la historia, de las atrocidades que surgieron de la forma simplista, anticientífica e injusta de *pensar* acerca de la raza.

Nuestro mundo se ha desarrollado de forma tal que, en la actualidad, vemos la raza en todos lados. ¿Puedes sentarte a conversar acerca de política sin hablar de la cuestión racial? No. ¿Puedes hablar de historia sin hablar de raza? No. ¿Puedes hablar de psicología, o incluso sociología, sin hablar de la raza? No. De hecho, muchas veces comenzamos las discusiones hablando de la "cuestión racial" en lugar de discutir algún tema de escala nacional. En lugar de decir: "He aquí una quinta generación de gente que vive en una cultura de pobreza, lo cual ayuda a explicar por qué se comportan como se comportan", atribuimos el problema a la raza. Creo que la sociología nunca debería enseñarse utilizando categorías raciales porque infiere que hay alguna cuestión biológicamente distinta en los distintos tipos de personas. Es cierto que las distinciones *culturales* son importantes, pero nunca llegaremos a respuestas relevantes si decimos que el problema es la raza, por el simple hecho de que no es cierto.

El problema de la categorización racial va de la mano con el problema de la opresión. Separar a la gente por su color de piel lleva a la opresión de un grupo por parte de otro. Quienes están en una posición de poder impiden que los otros los superen creando a tal fin techos que les impiden el crecimiento. Cuando el poder refuerza la opresión, el resultado es la *discriminación.* En lugar de animar (o como mínimo permitir) a la gente a dar lo mejor de sí, se les imponen límites ilógicos e irracionales. Y el resultado de esto no ayuda a nadie.

Presentaré numerosos ejemplos a lo largo del libro, pero comenzaré con este. Durante la Segunda Guerra Mundial, la discriminación todavía era un problema muy real. Los afroamericanos estaban tan entusiasmados por servir a su país como cualquier otra persona, pero cuando se enrolaban, solían ser asignados a labores menores mientras que los soldados blancos hacían las tareas "importantes". Los hombres negros que deseaban ser pilotos recibían una negativa porque se creía (sin ninguna prueba) que no tenían la inteligencia necesaria para pilotar un avión. También se especulaba que las arterias en sus venas eran demasiado pequeñas y las fuerzas G podían hacer que se desmayaran durante los vuelos.

En 1939, el gobierno comenzó a patrocinar escuelas de vuelo en una variedad de universidades, pero como no lo hacían en las instituciones de negros, un estudiante de la Universidad Howard inició una demanda. Pronto obtuvo el apoyo de la NAACP (Asociación Nacional para el Progreso de la Gente de Color), de los periódicos negros e incluso de Franklin y Eleanor Roosevelt. El resultado fue el "Experimento Tuskegee". Una escuela de aviación fue inaugurada en la Universidad Tuskegeee en Alabama. En Julio de 1941, el Cuerpo Aéreo del Ejército (precursor de la Fuerza Aérea) inició un programa con doce cadetes y un oficial, todos afroamericanos. La mayoría de la gente esperaba que este "experimento" fallara pero estos pilotos y los que vinieron después tuvieron la reputación de ser valerosos y efectivos en sus misiones de combate en Italia y al escoltar a los bombarderos.

Novecientos veintiséis militares se graduaron de Tuskegee en una época en la cual las actitudes racistas eran oficialmente aceptadas en el ámbito militar. Los pilotos de Tuskegee lograron algunos de los registros más impresionantes de la historia, y, al hacerlo, avergonzaron al ámbito militar estadounidense, e impulsaron la integración completa que se dio en el año 1948, logrando un gran avance para el Movimiento de los Derechos Civiles. El Capitán Benjamin O. David, Jr., el oficial que presidía sobre los primeros doce cadetes, llegó a ser el primer general de la Fuerza Aérea afroamericano.[16]

Los pilotos de Tuskegee nunca perdieron un bombardero al cual hubieran sido asignados a proteger durante sus vuelos. Demostraron que lo que impedía que la gente de color pilotara aviones no era la falta de capacidad. El problema no era la incompetencia; sino la discriminación y la opresión que impedía que la gente calificada avanzara.

Si deseas informarte más acerca de este punto específicamente, recomiendo que veas la película *Black Wings*. La película explica que la mayoría de los negros que fueron escogidos para formar parte de los pilotos de Tuskegee, en realidad ya eran pilotos. La pregunta no era: "¿Pueden los negros pilotar un avión?" Sino más bien: "¿Realmente queremos ver pilotos negros en nuestra fuerza aérea?"

Al mismo tiempo, otro ejemplo surgió en el mundo del deporte. Alemania albergaba los Juegos Olímpicos de Berlín en el año 1936, y era el país con mayor número de participantes –348, todos los cuales eran blancos dada la política alemana de sólo presentar arios. Varios atletas alemanes de talla mundial de origen judío, gitano o de color, fueron impedidos de participar representando a Alemania.

Los Estados Unidos acudieron a la competencia con 312 atletas que incluían cinco judíos y diecinueve afroamericanos. Los Juegos Olímpicos habían sido establecidos para promover la buena voluntad entre todas las naciones y demostrar la igualdad racial en las competencias deportivas, pero los Nazis, por supuesto, no creían en la igualdad de las razas. Su propósito era destacar a sus atletas arios, creyéndolos naturalmente superiores, basados exclusivamente en su raza.

16 Melissa T. Miller, "*The Tuskegee Airmen*" ['Los pilotos de Tuskegee'] Military.com, https://www.military.com/history/ the-tuskegee-airmen.html

Alemania resultó vencedor con un total de 89 medallas. Los Estados Unidos salieron segundos con 55 medallas.[17] Pero lo que dio de que hablar en los juegos fue el estadounidense Jesse Owens, que destrozó el mito de la superioridad aria al emerger individualmente como el atleta más ganador de los juegos, obteniendo medallas doradas en las disciplinas de los 100 metros planos, los 200 metros planos, el salto en largo y relevo de 4x100. Las victorias olímpicas de Owens y muchas otras hazañas y récords deportivos se produjeron por más de una década antes de que Jackie Robinson rompiera la barrera racial y comenzara a jugar al béisbol en las ligas que antes eran exclusivamente blancas.

De todos modos, e incluso décadas más tarde, continuaba siendo difícil para los afroamericanos ser percibidos como iguales en todos los aspectos del deporte. En los primeros años del fútbol americano profesional, era muy extraño ver a un mariscal de campo negro. Los mariscales de campo debían ser pensantes... líderes... el rostro del equipo. Tomó muchos años para que los fanáticos se sintieran cómodos viendo a un afroamericano ocupando esa posición.

CÓMO EL RACISMO INTERVIENE EN LA CULTURA

Muchas veces las leyes han sido utilizadas para fortalecer la discriminación. De hecho, muchas veces el racismo se volvió más evidente al implementarse algunas leyes. Los monos no son capaces de conducir vehículos; por eso no encuentras leyes que lo prohiban. Pero en cuanto los monos demuestren que pueden conducir, los poderosos desearán oprimirlos. Para lo cual deben crear leyes. Las leyes se crean sólo cuando la habilidad existe. Cuando los negros empezaron a ver que se creaban leyes para prohibirles asistir a ciertas escuelas o vivir en ciertos vecindarios, supieron que no era porque no fueran capaces de obtener los grados ni de pagar las hipotecas. Si ese fuera el caso, la ley hubiera sido innecesaria. Las leyes evidenciaban lo que eran: señales claras de prejuicio y discriminación; estaban allí para impedir el avance hacia una nación más igualitaria.

En el pasado, el sistema legal legitimaba la raza. Se aprobaron leyes con el racismo escrito en ellas. Se volvió ilegal que los negros se casaran con blancos. No podían sentarse en cualquier lugar de un transporte público. No podían tener ciertos trabajos ni vivir en ciertos lugares. La raza biológicamente no

17 "*The Berlin Olympics*," ['Los Juegos Olímpicos de Berlín'] *The History Place*, Accessed Dic. 3, 2020 https://www.historyplace. com/worldwar2/triumph/tr-olympics.htm.

existe, y aun así ha sido utilizada para establecer todas estas distinciones injustas y dolorosas entre grupos de personas que son casi exactamente iguales.

Así como las leyes civiles han tendido a dividir las razas en muchas ocasiones, los medios muchas veces añaden leña al fuego. Puede que recuerdes los filmes de lo que se llamó la Blaxploitation en los años 1970: *Shaft, Superfly, Cleopatra Jones, Blacula* y otros. Estos filmes elevaron a muchos actores negros de los roles menores y de extras, a roles protagónicos. Sin embargo, frecuentemente se les criticó por representar esos roles de manera estereotipada y unidimensional. La mayoría de los filmes del género estaban marcados por la violencia, el uso de drogas, y la actividad sexual, que mostraban, no sólo a los Estados Unidos, sino a todo el mundo, una imagen despectiva de la gente de color.

Los medios también tienden a utilizar etiquetas para las personas y los grupos. ¿Qué imagen viene a tu mente cuando escuchas el término "pandilla callejera"? La mayoría de la gente piensa en un grupo de negros o latinos de aspecto peligroso, dado que escuchamos hablar tanto de las "pandillas de negros" y "pandillas de latinos". Sin embargo, no escuchas mucho acerca de las "pandillas de blancos". ¿Crees que no existen pandillas de blancos? Pero no, en su lugar, los noticieros hablan del "crimen organizado" o inventan alguna otra etiqueta para ellos. Pero si te refieres a un grupo de matones que portan ilegalmente armas, venden drogas, ocasionalmente disparan y matan gente, y luego comparten el dinero que obtienen por su actividad, lo que estás describiendo es una pandilla, le pongas el rótulo que le pongas.

El lenguaje asociado a la raza puede ser sutil. En inglés se utiliza el término "fair-skinned", que literalmente se traduce como "de piel clara" para indicar que alguien es de piel blanca, y usualmente es tomado como un cumplido. ¿Por qué? ¿Es intencional el referirse a alguien de piel más clara como "mejor"? Probablemente no. Sin embargo, ¿cómo crees que se sienta una hermosa niña negra cuando escucha ese cumplido referido a otra persona? El término sugiere que hay una escala cromática donde lo más claro es lo más positivo. ¿Qué significa eso para lo más oscuro?

Como contrapunto, consideremos la palabra "negro", tratando de dejar de lado el aspecto racial por un momento. Piensa en las connotaciones de las frases: *gatos negros o magia negra.* Cuando "negro" es utilizado como un adjetivo, la palabra está teñida con un sentido de secretismo, peligro o incluso maldad.

Entonces, cuando la misma palabra es utilizada para describir a una persona, ¿no crees que esas mismas asociaciones sutiles pueden influir nuestras percepciones?

Debemos evaluar cómo hemos sido entrenados a pensar y hablar de maneras que pueden resultar involuntariamente insensibles e hirientes para otras personas. Tal vez te parezca que estoy siendo quisquilloso en este punto. Parecen ofensas mínimas e irrelevantes. Sin embargo, a medida que continuemos examinando la cuestión racial, veremos cómo la desigualdad racial puede infiltrarse gradualmente en todas nuestras interacciones y en las instituciones, al punto donde la gente ni se da cuenta lo discriminatoria que es. Es en este punto en que el racismo se convierte en un fenómeno *sistémico.* Cuando las escuelas sólo aceptan algunas razas, y las compañías sólo contratan graduados de esas escuelas, y luego los líderes civiles y los funcionarios surgen de esas mismas compañías, el sistema ha preseleccionado quiénes tendrán éxito y quiénes fracasarán. La gente a veces identifica los vecindarios malos y destaca que son vecindarios negros, lo cual puede ser cierto, pero rara vez detecta que hay una discriminación racial sistémica que fue el inicio del problema. Debemos entender cómo surgen estos problemas sistémicos y cómo afectan a todo el tejido social.

Si no se detiene el racismo sistémico, puede convertirse en racismo *estructural.* Los grupos que odian o temen a otras razas pueden, literalmente, construir un mundo a su alrededor que promueva el racismo. Cuando gente que piensa (erróneamente) de la misma manera, se encuentra dispersa en distintos niveles del sistema legal, pueden comenzar a influenciar quién es arrestado por la policía, quién preside los juicios, cómo son tratados los sospechosos en las cárceles, y así y así. Una vez que una estructura de estas características está establecida, el racismo comienza a florecer a lo largo y lo ancho del sistema.

El racismo estructural es peor que cuando sólo algunas personas "caen en las grietas del sistema". En los últimos años, sorprende ver cuántos hombres negros han sufrido la pena de muerte, acusados falsamente de ser asesinos, hasta que las evidencias de ADN demostraron que no podían haber cometido el crimen del que se les acusaba. Cuando los testigos aportaron acusaciones falsas (con o sin intención), el sistema establecido las sostuvo, las mantuvo vivas y válidas. Gracias al Proyecto Inocencia,[18] muchas personas que habían

18 Véase https://innocenceproject.org/

sido falsamente acusadas fueron liberadas, aunque algunas ya habían pasado décadas en prisión.

Te quiero asegurar que Dios está al tanto de todos aquellos a quienes sus derechos les fueron denegados. La presencia de Dios sigue acompañando a quienes luchan por la justicia. Pero mientras más seamos los que nos informemos acerca de este tipo de problemas y elijamos involucrarnos, más pronto lograremos ver resultados positivos.

¿Por qué seguimos equivocados respecto a la raza? Una razón principal es que la "raza" ni siquiera debiera existir. El concepto inició hace siglos a partir de una clasificación equivocada de seres humanos, y las consecuencias devastadoras persistieron desde ese entonces. Las minorías siguen luchando a causa de las severas desigualdades sociales que, a menudo, crean un extendido dolor y sufrimiento.

3

Prejuicio, racismo y odio (Antropología)

En 1967 yo cursaba tercer grado y mi familia se mudó a un vecindario blanco en Chicago. No fuimos bienvenidos en absoluto. No mucho tiempo después comenzó el "vuelo blanco". Antes de irse, muchos blancos expresaron su profundo disgusto por nuestra presencia en su vecindario. Mi hermano fue golpeado, y muchas veces, al regreso de la escuela, nos perseguían otros niños con cadenas y bates. ¡Aprendimos a correr como el viento!

Un día, me encontraba regresando a casa desde la escuela cuando un estudiante se me acercó, me dijo la "palabra con n..." y me clavó el compás de geometría en la pierna. ¡Esos compases son filosos! Mientras me revolcaba de dolor, también me sentía perturbado y confundido. ¿Qué podría hacer que un estudiante mayor estuviera tan enojado como para atacar a un pequeño niño negro? Sólo cabía imaginar que le habían inculcado que los negros eran tan malos que debía arremeter contra ellos de esta manera.

Ese año fue muy difícil para mí. Las miradas, los insultos y los maltratos físicos me hicieron pensar que tal vez había algo tan malo en mí que era correcto que la gente me tratara con tanto desprecio. Mis padres me dijeron una y mil veces que yo era una persona de un valor infinito, creado a la imagen de Dios. El hecho de ser negro no era una falencia; es simplemente una parte del diseño de Dios para mí. Finalmente, comprendí que no era mi culpa que otra gente actuara de esa manera. El problema lo tenían ellos, no yo.

INTRODUCCIÓN A LA ANTROPOLOGÍA

La *Antropología* está definida como "la ciencia que estudia los orígenes, el desarrollo físico y cultural, las características biológicas, las costumbres sociales y las creencias". En este capítulo, quiero convencerte para que expandas tu interpretación de esta definición. Es útil entender tus raíces antropológicas, pero no nos detengamos ahí.

Es hermoso que quieras celebrar que eres de ascendencia europea, o afro americana o nativa americana, hispánica, asiática o cualquiera sea tu ascendencia. Es una forma de reconocer y agradecer a Dios por cómo te creó. Pero Dios no nos permita celebrar esas etnicidades más de lo que celebremos el formar parte de la familia de Dios. Luego de mirar *hacia atrás* y celebrar de dónde venimos, miremos *hacia afuera* para expandir el evangelio de Jesucristo en todas las etnicidades, que es la única solución que puede hacer que todos los pueblos vuelvan a ser uno. Mientras luchamos por resolver las tensiones raciales en nuestro mundo, no perdamos de vista nuestro origen espiritual, nuestro desarrollo espiritual, nuestra conducta como cristianos y nuestras creencias.

Dios creó una sola raza de gente. Él nos unió a todos en Él. Y cuando operamos y nos movemos en Su unción y en lo que Él nos ha llamado a hacer, somos Sus llamados. Nuestra misión es orar, declarar el poder de Dios Todopoderoso al mundo y traer sanidad, sabiduría, entendimiento y milagros a la Tierra.

En nuestra primera mirada a el aspecto racial, hemos visto que mucho de lo que se define y describe como "raza" resulta ser un mito. Debemos desafiar más de lo que nos ha sido enseñado e inculcado –ya sea para ratificarlo, si fuera verdad, o exponerlo, si fuera una mentira. En la actualidad ya sabemos que debemos cuestionar todo lo que vemos en la televisión o las redes sociales. Pero también es sabio reconsiderar las cosas que nos fueron enseñadas cuando niños e incluso algunas "verdades" que nos han sido inculcadas por amigos y familiares.

Lo ideal sería que aprendamos a obtener nuestra información del cielo y no del mundo. No debemos confiar en todo lo que nos dice nuestra sociología. Debemos confiar más en las cosas que nuestro Dios amoroso nos enseña a través de Su Palabra. Cuando lo hacemos, podemos comenzar a celebrar nuestra diversidad y nuestras diferencias. Pero celebraremos las distinciones *culturales,* no las divisiones biológicas.

La cultura tiene mayor impacto en quiénes nos convertimos más de lo que creemos. Si viajas por el mundo y observas las vastas diferencias en las culturas, podrías comenzar a cuestionar la verdad biológica de que todos somos un 99,9% iguales. Sin embargo, si adoptas un recién nacido en Asia y lo traes a tu casa en Texas, cuando comience a hablar sonará como un tejano. Cuando los niños balbucean al intentar aprender a hablar, lo que hacen es repetir lo que oyen. Las palabras –y los acentos– son resultado de la cultura en la que son criados. No son algo predeterminado en el bebé.

Muchas de las opiniones y creencias más profundas que tenemos son sólo influencias culturales. ¿Hay diferencias entre culturas? Claro que las hay. Dado que la gente crece en lugares geográficamente distintos, tenemos distintos lenguajes, costumbres, religiones y ancestros, pero esas diferencias no cambian el hecho de que, biológicamente, somos iguales.

Sólo porque seamos de distintas partes del mundo y hablemos distintos idiomas, no significa que Dios no nos haya creado a todos a partir de Adán y Eva. No significa que algunos hayamos sido creados a Su imagen y otros no. Puedes ser asiático, de la India, africano, nativo americano, latino, europeo, inuit, aborigen australiano o de alguna otra distinción cultural, pero has sido creado a imagen de Dios como todos los demás.

Debes mantener eso en mente al avanzar en nuestro estudio de la raza, porque veremos cómo algunos se han enfocado en esas diferencias culturales y han creado el mito de la raza –que ciertos grupos son superiores a otros. Algunos incluso insisten en que Dios nos creó de esa manera. No creas ese mensaje ni por un instante.

PREJUICIO Y/O DISCRIMINACIÓN

El prejuicio y la discriminación son problemas presentes entre todas las culturas y etnias. Pero, ¿alguna vez te has preguntado por qué, en los Estados Unidos, estos problemas parecen ser más intensos entre blancos y negros?

Para cuando los europeos comenzaron a establecerse en las colonias americanas a principios del siglo XVII, habían descubierto numerosas etnias que ya se encontraban allí. Se encontraron inmediatamente con tribus de nativos americanos, y a medida que avanzaban hacia el Oeste, continuaron descubriendo más y más tribus nativas. Muchos historiadores especulan que estas tribus eran originarias de Asia y que en algún momento habían emigrado a través de Rusia y cruzando el estrecho de Bering hacia Canadá, para luego dispersarse por Norteamérica y Sudamérica. La amistad inicial que se desarrolló entre los primeros peregrinos y los nativos que les ayudaron a aprender a sobrevivir, ofrecía un panorama esperanzador que no duró mucho tiempo. Cuando los asentamientos de los nativos americanos se convirtieron en obstáculos para la expansión europea, los nativos, que se veían superados en número, comenzaron a ser víctimas de tratados rotos, desalojo forzoso y cosas aún peores.

Los exploradores franceses y españoles habían estado activos por más de un siglo y habían comenzado a reclamar tierras para sus respectivas naciones. Con el tiempo, comenzaron a surgir enfrentamientos entre europeos en territorio americano.

Los afroamericanos también comenzaron a llegar... pero lo hacían en barcos de esclavos. Mientras la gente se movía en manada hacia el Nuevo Mundo, en busca de aventura, oportunidades, riqueza y otros objetivos, los que venían de África llegaban en una situación de subyugación. No era su elección venir y tampoco tenían opciones una vez llegados. El próximo capítulo ofrecerá más detalles de su arribo inicial en 1619. Tomaría dos siglos y medio para que pudieran ser liberados de la esclavitud, y después de esto aún les quedaba un gran camino hacia la igualdad. Luego de otro siglo y medio, todavía están trabajando con ese objetivo. La esclavitud se ha vuelto ilegal pero el prejuicio y la discriminación se mantienen vivos hasta el día de hoy.

Si queremos influir de manera positiva en nuestra propia cultura, para reducir el racismo sistémico que puede infiltrar nuestro pensamiento cultural, debemos entender y hablar la verdad. Y debemos comenzar por nosotros mismos. ¿Contribuimos, en ocasiones, al problema del prejuicio y la discriminación? ¿Sabemos siquiera cuál es la diferencia entre estas dos actitudes?

Ser prejuicioso significa que tienes sentimientos y emociones racistas hacia alguien o hacia un grupo de personas. Discriminar significa que te opones activamente a ellos por medio de palabras y acciones.

Un hombre llamado Robert K. Merton desarrolló este tema. Fue un estadounidense pionero en el campo de la sociología en el siglo XX. Sus más de 70 años de experiencia le valieron ser conocido como "el Señor Sociología" y su involucramiento en muchas áreas relevantes de la vida llevó a la creación de términos como *profecía autocumplida* y *modelo a seguir.* Los estudios de Merton acerca de la integración fueron utilizados en el caso *Brown v. Board of Education (Brown contra la Junta de Educación)* tratado por la Corte Suprema.[19] Sus observaciones sobre el prejuicio y la discriminación ofrecen información interesante al considerar la cuestión racial. Él reflexionó acerca de lo que llamó el "Credo Americano" expresado en la Declaración de Independencia, el preámbulo de la Constitución y la Declaración de Derechos:

El credo afirma el irrevocable principio del derecho humano a la equidad total –el derecho a un acceso equitativo a la justicia, la libertad y la oportunidad, sin importar la raza, religión u origen étnico. Proclama además la doctrina universal de la dignidad del individuo, independientemente de los grupos de los cuales forme parte. Es un credo que anuncia la equidad moral total para todos, no un absurdo mito que afirma la igualdad de capacidad intelectual y física de todas las personas en todos lados. Y culmina aclarando que, aunque los individuos difieran en su dotación innata, esa diferencia se da en tanto individuos y no a causa de la pertenencia a algún grupo.[20]

Merton recibió el Doctorado Honorífico en Sociología de la Universidad de Leiden, Bélgica, en 1965.

El credo parece claro, sin embargo, la gente puede pensar de distinta manera al respecto del mismo y puede decidir actuar conforme al credo o no. Merton notó que la gente podía ser prejuiciosa o no y podía ser discriminatoria o no, así que separó a las personas en cuatro grupos:

19 Michael T. Kaufman, *"Robert K. Merton, Versatile Sociologist and Father of the Focus Group, Dies at 92,"* ['Robert K. Merton, Sociólogo versátil y Padre de los Grupos de Sondeo, muere a los 92 años'] *New York Times*, Feb. 24, 2003, https://www.nytimes.com/2003/02/24/ nyregion/robert-k-merton-versatile-sociologist-and-father-of-the-focus-group-dies-at-92.html.

20 Robert K. Merton, *Sociological Ambivalence and Other Essays* ['Ambivalencia sociológica y otros ensayos'] (New York: The Free Press, 1976), p. 190.

1) El no prejuicioso - no discriminador
Aquellos que no son ni prejuiciosos ni discriminan componen "el grupo estratégico que puede funcionar como la punta de la lanza para lograr que el credo se extienda y crezca en la práctica... Sólo ellos pueden crear el entorno social positivo para los otros tipos que ya no verán conveniente sostener sus prejuicios y prácticas discriminatorias". Sin embargo, este tipo de personas no siempre son tan influyentes como debieran ser. Algunos tienden a darse por satisfechos con su mirada "iluminada" y no se molestan en desafiar a otros a elevar el estándar. Merton advierte: "La buena voluntad no alcanza para modificar la realidad social. Sólo cuando esta buena voluntad es acompañada por realidades psicológicas y sociales puede ser utilizada para lograr objetivos culturales".

2) El discriminador no prejuicioso
Merton describe a la gente en esta categoría como "alguien que, a pesar de estar libre del prejuicio, ejerce prácticas discriminatorias cuando le conviene por comodidad o rédito económico". Por ejemplo, dice, un empleador puede no tener ningún prejuicio personal contra los Negros o Judíos, pero sí tiene presente que hay gente que tiene ese prejuicio, entonces decide no contratar a gente de ese trasfondo. Sin embargo, al tomar decisiones de este tipo, estas personas evidencian algún grado de culpa o vergüenza.

3) El no discriminador prejuicioso
Muchos de nosotros seguramente conocemos alguien que es claramente prejuicioso pero que sabe guardarse sus pensamientos para sí mismo, ya sea por conveniencia o por interés propio. Algunos son más abiertos acerca de sus prejuicios, como los empleadores que sólo dejan de discriminar cuando reciben órdenes de hacerlo de sus superiores. Otros pueden esconder su prejuicio cuando encuentran un gran mercado en la gente con la cual normalmente no se asociarían. Y luego están los racistas que escupen su discurso de odio hasta que se encuentran en un ámbito donde hay gente más poderosa que no comparte sus prejuicios.

4) El prejuicioso discriminador
Según Merton, esta persona es un "intolerante puro y desvergonzado, un hombre prejuicioso que es consistente en oponerse al credo americano. De cierta forma, encontramos gente como esta en todos lados. Considera que el trato diferencial recibido por un negro y el recibido por un blanco no es una "discriminación" en el mal sentido de la palabra sino en el sentido de un grado de discernimiento muy agudo".[21]

La gente suele insistir con que no es racista, y con eso se refieren a que no son prejuiciosos *y* discriminadores. Pero si son honestos, podrán encontrarse en

21 Ibid. pp. 189-199 o ver canvas.harvard.edu › files › download.

la segunda o tercera categoría de Merton. Muchos de nosotros nos engañamos a nosotros mismos porque, en realidad, nunca pensamos mucho en el tema, o cuando lo hacemos, nos rehusamos a admitir nuestros verdaderos sentimientos.

Esos pensamientos y creencias internas deben ser resueltos. Deben ser presentados y rendidos al poder de Dios. El paso siguiente sería, entonces, conformar nuestras acciones a los pensamientos que hemos rendido al Señor. ¿De qué sirve creer que todos son iguales si la próxima vez que estés con tus amigos prejuiciosos no dices nada? Tal vez hasta les sigues la corriente. No crees que los otros grupos culturales tengan ninguna diferencia contigo, pero los discriminas porque tus amigos lo hacen. Eso significa que estás siendo formado para parecerte a tus amigos, no a Cristo.

Debemos examinarnos a nosotros mismos con detenimiento y expulsar el prejuicio de donde sea que lo encontremos, ya sea en nuestros pensamientos, sentimientos o comportamiento. Nunca podremos superar el racismo si no podemos pensar lo correcto, sentirnos correctos y actuar de manera correcta. Debemos pedir a Dios que, con Su poder y gloria cambie nuestros corazones, haga crecer nuestro amor por los demás y nos transforme íntegramente de nuestros caminos de prejuicio y discriminación hacia una vida que lo honre. Yo no quiero maltratar ni lastimar a nadie que haya sido creado a la imagen de Dios. Quiero recordar que todos, los pequeños, los "más desfavorecidos" de la sociedad y todas las personas merecen mi honor y mi respeto porque todos ellos reflejan la imagen de Dios.

ANTROPOLOGÍA ESPIRITUAL

El Capítulo 10 se enfocará en la teología, pero en este punto, necesitamos visitar por un momento las Escrituras para ver cómo la teología y la antropología pueden estar conectadas. Ya lo he dicho, pero lo quiero enfatizar una vez más: hubo un solo Adán y una sola Eva. Dios no creó cinco Adanes y cinco Evas.

Toda la gente del mundo viene de la misma madre, Eva, y del mismo padre, Adán (Génesis 3:20). Esta verdad profunda implica que todos en el mundo estamos emparentados. Si nos volvemos cinco o seis generaciones atrás, la mayoría de nosotros descubriría en nuestras familias gente que nos sorprendería y nos haría entender cuánta diversidad ha sido necesaria para llegar a ser quienes somos. Todos estamos emparentados en alguna medida. Todos somos una gran familia, una raza –la raza humana. Para profundizar aún más en lo maravilloso de esta verdad, los creyentes hemos entendido que Dios es nuestro Padre. Y cuando respondemos a Su amor y nos unimos al Cuerpo de Cristo, no sólo aceptamos a Jesús como nuestro Salvador sino también como nuestro hermano.

Desde el punto de vista antropológico, Dios ve a la humanidad como un solo pueblo, una raza, una familia. Nosotros deberíamos vernos los unos a los otros de la misma manera, pero nos dejamos engañar por esos molestos fenotipos que nos hacen creer que somos distintos grupos de personas, aunque biológicamente seamos iguales. ¿Qué ocurrió? Si todos venimos de Adán y Eva, ¿por qué no nos vemos todos iguales? En algún momento esto fue así.

Dios creó un grupo de personas, pero no quería que permanecieran en el mismo lugar. Él dijo a la humanidad: "Fructificad y multiplicaos, y llenad la tierra" (Génesis 9:1). Pero la gente tenía otra idea en mente:

> Tenía entonces toda la tierra una sola lengua y unas mismas palabras. Y aconteció que cuando salieron de oriente, hallaron una llanura en la tierra de Sinar, y se establecieron allí. Y se dijeron unos a otros: Vamos, hagamos ladrillo y cozámoslo con fuego. Y les sirvió el ladrillo en lugar de piedra, y el asfalto en lugar de mezcla. Y dijeron: Vamos, edifiquémonos una ciudad y una torre, cuya cúspide llegue al cielo; y hagámonos un nombre, por si fuéremos esparcidos sobre la faz de toda la tierra. Y descendió Jehová para ver la ciudad y la torre que edificaban los hijos de los hombres. Y dijo Jehová: He aquí el pueblo es uno, y todos éstos tienen un solo lenguaje; y han comenzado la obra, y nada les hará desistir ahora de lo que han pensado hacer. Ahora, pues, descendamos, y confundamos allí su lengua, para que ninguno entienda el habla de su compañero. Así los esparció Jehová desde allí sobre la faz de toda la tierra, y dejaron de edificar la ciudad. Por esto fue llamado el nombre de ella Babel, porque allí confundió Jehová el lenguaje de toda la tierra, y desde allí los esparció sobre la faz de toda la tierra (Génesis 11:1-9).

Anteriormente, Dios había enviado el diluvio para refrenar el pecado que se había extendido sobre toda la tierra. Sin embargo, para detener a este grupo de humanos desafiantes que se unieron contra Él, no llegó a tomar medidas tan extremas. Esta vez simplemente les dio distintos lenguajes, lo cual hizo que los grupos se separaran en distintas direcciones. Al irse separando los grupos, se fueron formando distintas culturas. Esto puso un alto a la unidad que Dios había creado, pero Él lo iba a solucionar más adelante. Es correcto: Dios creó una raza de gente donde todos eran iguales… pero cuando se rebelaron contra

Él, al eliminar el método de comunicación universal, reemplazado por muchos idiomas diferentes, Él los impulsó a formar distintas culturas.

Es en este punto que Dios comienza la *ethnogénesis* –la creación y desarrollo de grupos étnicos. ¿Acaso eso niega lo que hizo durante la Creación? Puede parecerlo, pero debemos tener presente que, en realidad, es el resultado de una naturaleza caída. Dios puso el Plan A en espera hasta que la gente estuviera lista para proceder. Ese tiempo llegó en el Día de Pentecostés, momento en que el Espíritu Santo descendió para empoderar a la iglesia para continuar con el ministerio que Jesús comenzó:

> Cuando llegó el día de Pentecostés estaban todos unánimes juntos. De repente vino del cielo un estruendo como de un viento recio que soplaba, el cual llenó toda la casa donde estaban; y se les aparecieron lenguas repartidas, como de fuego, asentándose sobre cada uno de ellos. Todos fueron llenos del Espíritu Santo y comenzaron a hablar en otras lenguas, según el Espíritu les daba que hablaran. Vivían entonces en Jerusalén judíos piadosos, de todas las naciones bajo el cielo. Al oír este estruendo, se juntó la multitud; y estaban confusos, porque cada uno los oía hablar en su propia lengua. Estaban atónitos y admirados, diciendo:—Mirad, ¿no son galileos todos estos que hablan? ¿Cómo, pues, los oímos nosotros hablar cada uno en nuestra lengua en la que hemos nacido? Partos, medos, elamitas, y los que habitamos en Mesopotamia, Judea, Capadocia, el Ponto y Asia, Frigia y Panfilia, Egipto y las regiones de África más allá de Cirene, y romanos aquí residentes, tanto judíos como prosélitos, cretenses y árabes, los oímos hablar en nuestras lenguas las maravillas de Dios. Estaban todos atónitos y perplejos, diciéndose unos a otros:—¿Qué quiere decir esto? Pero otros, burlándose, decían:—Están borrachos. (Hechos 2:1-13, RVR1995).

Cuando Dios utilizó una variedad de lenguajes para separar una multitud en la Torre de Babel y los envió a distintas partes de la tierra, ya tenía un plan para restaurar un lenguaje en común y unir a las culturas nuevamente. Así como en el momento de la Creación, la intención de Dios es que todos seamos uno. Esto comenzó varios siglos después, pero el plan ya estaba listo. La restauración de la unidad comenzó con la venida de Jesús y continuó con la formación y el crecimiento de la iglesia, empoderada directamente por el Espíritu Santo.

Las últimas palabras de Jesús, de las cuales se tiene registro en la Tierra, fueron una promesa: "Y les dijo: No os toca a vosotros saber los tiempos o las sazones, que el Padre puso en su sola potestad; pero recibiréis poder, cuando haya venido sobre vosotros el Espíritu Santo, y me seréis testigos en Jerusalén, en toda Judea, en Samaria, y hasta lo último de la tierra" (Hechos 1:7-8).

Muchas de las partes remotas de la Tierra estaban representadas en Jerusalén el día del Pentecostés. Puedes contar cerca de veinte en el pasaje anterior, y con seguridad eran aún más. De hecho, en Hechos 2:5 dice que había "varones piadosos de todas las naciones bajo el cielo". Sin embargo, Pedro no necesitó una docena de intérpretes, sino que cuando Él hablaba acerca de Jesús, de manera milagrosa, cada uno oía el mensaje del evangelio en su propio idioma por el poder de Dios. Recuerda, Dios fue el que comenzó esta distinción entre lenguajes. Sin embargo, en ese día eliminó las barreras del lenguaje que nos separaban y comenzó a unir nuevamente las culturas.

Poco antes de su promesa final, Jesús había desafiado a los creyentes diciendo: "Y Jesús se acercó y les habló diciendo: Toda potestad me es dada en el cielo y en la tierra. Por tanto, id, y haced discípulos a todas las naciones, bautizándolos en el nombre del Padre, y del Hijo, y del Espíritu Santo; enseñándoles que guarden todas las cosas que os he mandado; y he aquí yo estoy con vosotros todos los días, hasta el fin del mundo. Amén." (Mateo 28:18-20). Nuestra fe en Jesús y la transformación espiritual resultante nos hace "una nueva criatura" (2 Corintios 5:17). Nos convertimos el *ethnos* —un nuevo grupo étnico en Jesús, compuesto por creyentes de todas las tribus y familias distribuidas por la Tierra. La diversidad que Dios inició en la Torre de Babel es reemplazada con una unidad eterna para quienes pertenecen a la familia de Dios. En el Día de Pentecostés, Dios dio a los individuos el poder del Espíritu Santo para que pudieran comenzar a reunir a la gente en el nombre del Señor.

Quiero que tengamos esto presente a medida que sigamos examinando el aspecto racial. Conozco mucha gente concienzuda y empática que desea resolver todos los problemas raciales de manera inmediata. Cada vez que ven un ejemplo de injusticia –los cuales abundan y ocurren con mucha frecuencia– ven avivada su pasión por lograrlo. Para algunos, su enojo justificado puede evolucionar hasta convertirse en ira desatada. Yo te insto a no permitir que el enojo termine en violencia u odio. Mientras buscamos más soluciones efectivas en el corto plazo para los problemas que ocasiona el racismo, recordemos que Dios ya tiene la solución a largo plazo. La unidad y la paz son parte de la promesa que Dios ha hecho a quienes sigan Su voluntad. Enfoquemos nuestra pasión en lograr ser una iglesia más dedicada que constantemente se extienda en amor hacia toda persona, sin importar las fallas que puedan haber tenido en el pasado, sin importar su ascendencia y sin importar su color de piel.

En nuestro tiempo, la humanidad ha sido capaz de caminar sobre la luna, aterrizar naves espaciales en Marte, y enviar sondas espaciales a puntos distantes de nuestra galaxia. Entendemos la fusión y la fisión a tal punto que podemos dividir átomos. Hemos acumulado tanto conocimiento, y sin embargo, cuando se trata de la raza, mostramos tan poca sabiduría. Creemos saber mucho, pero ni siquiera nos podemos llevar bien en la Tierra. Es tiempo de que la iglesia de un paso al frente y se convierta en el Cuerpo de Cristo unido para que podamos honrar la imagen de Dios y traer gloria a Su nombre. Es tiempo de que demostremos lo que significa ser luz y sal para que el mundo nos vea y piense: "*Vaya, esa gente tiene algo que nosotros no tenemos*". La iglesia debe unirse y comenzar a liderar la búsqueda de soluciones a las divisiones raciales.

Debemos prestar mayor atención a nuestra antropología espiritual en este tiempo –especialmente a nuestras costumbres y creencias. En el momento en que escribo este libro, la mayoría de las iglesias está recibiendo las recomendaciones de practicar el distanciamiento social si deciden tener reuniones presenciales. Pero en el pasado, me pregunto si la iglesia no se había vuelto ya demasiado cómoda con el distanciamiento. Hemos atribuido el hecho de que negros y blancos adoraran de forma separada durante tanto tiempo, a diferencias culturales. "Ellos adoran de otra manera". "A ellos les gusta estar más cerca y ser más expresivos que nosotros". "Ellos son muy solemnes y callados, a nosotros nos gusta alabar a Dios a todo volumen".

Yo entiendo que todos tenemos distintas zonas de comodidad pero eso no debiera ser excusa para que no nos relacionemos con creyentes de otras etnias. Yo todavía recuerdo cuán excluido y rechazado me sentí en mi nuevo vecindario cuando iba a tercer grado. Deseo que nunca nadie a mi alrededor se sienta así. Como líder de iglesia y como persona, deseo que la gente de distintas etnias se sienta bienvenida. Quiero que puedan ser parte de la familia que Dios ha establecido. ¿Quién desea lo mismo?

¿Por qué seguimos confundidos sobre la raza? Al agruparnos con otros de nuestra propia etnia, a veces creamos zonas de comodidad que pueden hacer que nos volvamos reacios a salir de ella y ver cómo otros ven el mundo, o incluso a invitar a otros a nuestro círculo. Si verdaderamente creemos que la familia de Dios incluye a todas las etnias, haremos un verdadero esfuerzo por no ser exclusivos.

4

¿Dónde nos equivocamos? (Historia: 1619-1854)

Se podrían escribir enciclopedias enteras y no llegar a cubrir ni un porcentaje pequeño de la historia vivida por la gente de color en los Estados Unidos. Sería inútil creer que podemos profundizar mucho en unos pocos capítulos, pero sí podemos tocar varios de los puntos destacados y entender cómo la cuestión racial continúa siendo una plaga en los Estados Unidos.

SIEMPRE ESCLAVIZADOS

¿Sabías que en los Estados Unidos había esclavos aún antes de haber peregrinos?

Si estuviste prestando atención en el capítulo anterior, recordarás que las primeras personas de color llegaron a los Estados Unidos como esclavos antes de la llegada del barco Mayflower. Los esclavos llegaron el 20 de agosto de 1619. El Mayflower llegó casi un año después, el 21 de diciembre de 1620. Pasarían casi dos siglos para que los descendientes americanos de los esclavos traídos de África tuvieran algún grado de libertad. Incluso entonces, sus libertades y privilegios fueron muy limitados.

En 2015, el Departamento de Recursos Históricos de Virginia erigió este cartel frente al Fuerte Monroe para conmemorar la llegada de los primeros africanos al estado, en el año 1619.

AÚN CONFUNDIDOS SOBRE LA RAZA

Un monumento cerca de Jamestown marca la llegada de "Los primeros africanos a Virginia". Eran nativos de Angola que habían sido secuestrados por mercaderes portugueses. Fueron subidos a un barco que se dirigía a Veracruz en la colonia Nueva España. Eran 350 y alrededor de 150 murieron durante el transporte. Esta estadística, lamentablemente, resultó común en la época para este tipo de viajes. El barco además fue atacado por otros dos barcos corsarios que tomaron a algunos de los prisioneros. Uno de los barcos corsarios fue el *White Lion* que amarró en el puerto Point Comfort en la Colonia de Virginia, donde los marinos entregaron alrededor de veinte esclavos a cambio de comida.

Irónicamente, el primer hijo de una de las parejas de africanos en Virginia nació como hombre libre por las leyes vigentes en la época. En poco tiempo, la demanda de esclavos creció y la esclavitud fue legalizada. Entre el comienzo de los años 1500 y mediados de los 1800, se estima que alrededor de 12 millones de africanos fueron traídos al Nuevo Mundo. Cerca de 400.000 llegaron a Norteamérica, lo cual representa un porcentaje menor comparado con los 5 millones llevados a Brasil y los 3 millones que fueron distribuidos en la zona del Caribe.[22]

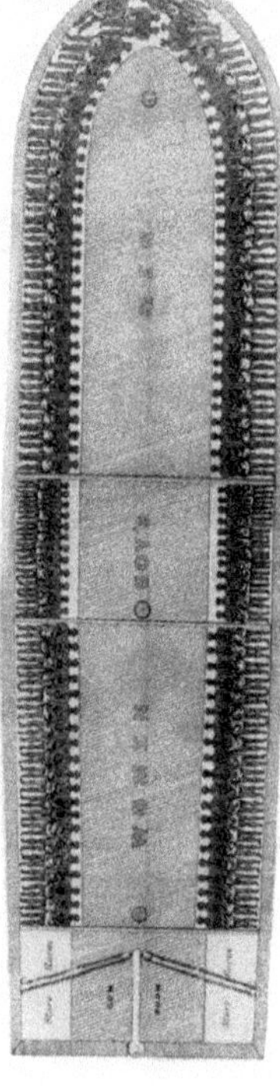

De acuerdo con el Acta de Trata de Esclavos de 1788, el barco esclavista británico Brookes podía, legalmente, transportar entre 400 y 500 esclavos

El comercio de esclavos era una actividad peligrosa pero lucrativa para los mercaderes. Sin embargo, para quienes eran transportados los viajes eran brutales. Los mercaderes recurrían a medios inhumanos para subir tantos esclavos como fuera posible en cada navío. Literalmente llegaban a apilar

22 *"First Enslaved Africans Arrive in Jamestown, Setting the Stage for Slavery in North America,"* ['La llegada de los primeros esclavos africanos a Jamestown, Sentando las bases para la esclavitud en norteamérica'] History.com, https://www.history.com/this-day-in-history/first-african-slave-ship- arrives-jamestown-colony

gente bajo cubierta colocando los hombres de un lado, las mujeres del otro y los niños en medio. Así es, también traían niños como esclavos a los Estados Unidos. Cuando los cautivos debían orinar o defecar, o cuando las mujeres estaban en su ciclo menstrual, debían hacer sus necesidades en el lugar mismo donde se encontraban. Se veían forzados a vivir con sus propias ropas sucias y muchos se enfermaban a causa de esto.

Los marinos no recibían dinero si los esclavos morían durante el traslado. Sin embargo, *podían* reclamar el pago si los esclavos se ahogaban, lo cual hizo que se volviera práctica habitual arrojar a los esclavos seriamente enfermos por la borda para recibir el reembolso por el esclavo ahogado. Una mínima consolación resultante de esta actitud inhumana es que ayudaba a impedir que la enfermedad se esparciera por el barco, dado que todos estaban atados uno al lado del otro. Pero la verdadera razón para arrojarlos era el rédito económico, no el bien común.

Un barco británico llamado *Zong* zarpó hacia las Américas en 1781 con 470 esclavos a bordo. La tripulación confesó posteriormente que, cuando las reservas de agua escaseaban, arrojaron a 130 esclavos por la borda. Cuando llegaron a Jamaica, los traficantes de esclavos solicitaron el reembolso por las pérdidas. La corte inicialmente acordó a realizar el pago pero un legislador levantó cargos contra los traficantes por el asesinato de los 130 esclavos. El argumento de la defensa revela la baja estima que la mayoría de la gente tenía por la gente de color: "¿Qué es este reclamo que sostiene que seres humanos han sido arrojados por la borda? Se trata de bienes o posesiones. Los negros son bienes y son propiedades; es una locura acusar a estos hombres honorables de asesinato... El caso es igual a si se hubiera arrojado madera por la borda".[23]

La Corte Suprema de Londres eventualmente decidió que los traficantes no podían ser imputados de homicidio porque lo que arrojaron por la borda fue solamente carga. ¡La gente de África ni siquiera era considerada humana! Sin embargo, esta atrocidad trajo tanta publicidad negativa que el Parlamento creó una primera ley para regular el comercio de esclavos, la Ley de Trata de Esclavos de 1788.

Los biólogos marinos han notado que durante el pico de la trata de esclavos, los tiburones adaptaron su patrón usual de alimentación para seguir a los barcos esclavistas dado que tantos cautivos eran arrojados por la borda o se arrojaban

23 Ian Bernard, "The Zong Massacre (1781)" ['La Masacre de Zong (1781)'] *BlackPast*, Oct. 11, 2011, https://www.blackpast. org/global-african-history/zong-massacre-1781/.

voluntariamente para morir evitando la continuidad de los abusos y la posterior esclavitud. Existen registros que describen cómo a veces los tiburones rodeaban los barcos esperando su próxima comida.

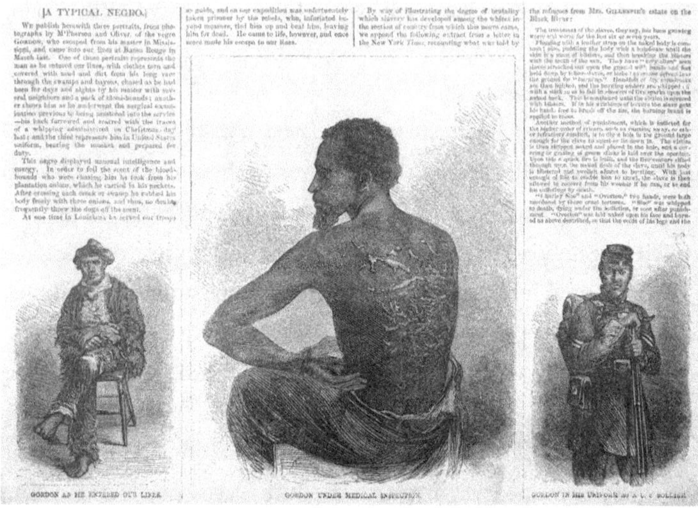

Durante su travesía transatlántica, muchos esclavos eran golpeados hasta quedar desfigurados.

Como era de esperar, cuando los esclavos llegaban al Nuevo Mundo se encontraban en pésimo estado. Además de las pésimas condiciones durante el traslado y las enfermedades a las que se veían expuestos, muchos también eran golpeados. Tengo una foto de un hombre cuya espalda estaba completamente cubierta de profundas cicatrices causadas por los innumerables latigazos recibidos con unos azotes con pedazos de metal y vidrio en los extremos, diseñados para desgarrar la piel de la víctima. Muchas veces, los malos tratos continuaban una vez que eran vendidos.

Este retrato de la esclavitud incomoda a la gente, y con razón. Los defensores de la esclavitud solían presentar el sistema como una relación cordial entre el amo y el esclavo. Algunos incluso sugerían que la esclavitud era beneficiosa porque permitía que los negros recibieran educación y fueran civilizados, pero si eso alguna vez ocurrió, era una excepción y no la regla. Si casos así existían, eran muy raros. Los esclavos eran propiedad de sus dueños, por lo tanto, sus hijos automáticamente también pasaban a ser propiedad de sus amos. Si intentaban huir por tener un amo abusivo, les podían cortar los pies. Si robaban algo, les podían cortar las manos. Si trataban de comer algo fuera del horario estipulado, podían ser acusados de robo. Era una vida muy difícil la que vivían. Muy pocos llegaban a viejos porque al envejecer dejaban de ser rentables para sus amos.

¿TODOS LOS HOMBRES SON CREADOS IGUALES?

Los estadounidenses nos enorgullecemos de nuestra Declaración de Independencia y su empática insistencia en que todos los hombres son creados iguales. Por supuesto, eso no incluía a la gente de color. Pronto veremos que los hombres negros ni siquiera eran considerados personas. Sin embargo, los primeros borradores de la Declaración incluían un párrafo que, por lo menos, señalaba que la trata de esclavos era algo incorrecto. El lenguaje de aquel tiempo es algo difícil de comprender, pero, entre la lista de quejas de los colonos contra el Rey Jorge III y Gran Bretaña, se encontraba un extenso párrafo que incluía el siguiente extracto:

> Él ha llevado a cabo una cruel guerra contra la naturaleza humana misma, violando el más sagrado derecho a la vida y la libertad de las personas, de gente tan lejana que nunca pudieron haberlo ofendido, capturándolos y llevándolos hacia una esclavitud en otro hemisferio o a morir una muerte miserable durante el transporte. Esta guerra pirata, el oprobio de los poderes impíos, es la guerra del Rey Cristiano de Gran Bretaña. Determinado a mantener operativo este mercado donde los hombres son comprados y vendidos, ha prostituido su negativa al suprimir todo intento legislativo de prohibir o restringir este abominable comercio.[24]

Al criticar a Jorge III por su participación en la trata de esclavos, la Declaración de Independencia *casi* condenó la práctica en 1776. Pero a último minuto, el Segundo Congreso Continental suprimió este párrafo junto con una docena más de ediciones de último momento. Thomas Jefferson diría, tiempo más tarde, que dicha sección fue "eliminada para complacer a Carolina del Sur y Georgia que nunca habían intentado detener la importación de esclavos". Sin embargo, Jefferson mismo poseía 180 esclavos en ese tiempo.[25]

24 "(1776) The Deleted Passage of the Declaration of Independence" ['(1776) El pasaje eliminado de la declaración de la independencia'] *BlackPast*, Ago. 10, 2009, https://www.blackpast.org/african-american-history/declaration-independence-and-debate-over- slavery/.

25 Peter Kelley, "Documents That Changed the World: The Declaration of Independence's Deleted Passage on Slavery, 1776," ['Documentos que cambiaron el mundo: el pasaje eliminado de la declaración de independencia sobre la esclavitud, 1776'] *UW News*, Feb. 25, 2016, https://www.washington.edu/news/2016/02/25/documents-that-changed-the-world-the-declaration-of-independences- deleted-passage-on-slavery-1776/#:~:text=The%20deleted%20words%20%E2%80%94%20be- ginning%20with,his%20participation%20in%20and%20perpetuation.

Aunque Jefferson y el Segundo Congreso Continental fallaron en responsabilizar a Gran Bretaña por la trata de esclavos, había fuerzas dentro de la propia Inglaterra que trabajan para lograr un cambio. El incidente del barco *Zong* que mencionamos anteriormente, había captado la atención de muchos miembros notables del Parlamento. Un miembro en particular, el Señor William Dolben, describió el espantoso trato que recibían los esclavos encadenados y almacenados como si fueran "arenques en un barril" y afectados por "trastornos pútridos fatales".[26] Dolben incluso organizó una visita de un barco esclavista para sus colegas, lo cual resultó en que el Primer Ministro William Pitt y el abolicionista William Wilberforce se involucraran. El resultado fue la Ley Dolben o la Ley de Trata de Esclavos de 1788. Si bien no eliminó la esclavitud, comenzó a regular la práctica y a exigir condiciones más humanas durante el transporte. Fue un pequeño paso, pero fue un comienzo. La Ley debía ser renovada cada año, pero fue establecida de forma permanente en el año 1799.

Los Estados Unidos estaban dando sus propios pequeños pasos también. El comercio de esclavos había comenzado a convertirse en una cuestión controversial. Durante buena parte del siglo XVII, el número de esclavos africanos en las colonias británicas en Norte América fue mucho menor que el de siervos europeos contratados. Pero cuando el flujo de siervos contratados cayó drásticamente, la trata de esclavos africanos creció sustancialmente. A mediados del siglo XVIII, las trece colonias tenían esclavos. Sin embargo, en enero

"¿NO SOY, ACASO, UN HOMBRE Y UN HERMANO?" Esta imagen apareció en la publicación, del año 1837, del poema "Nuestros Compatriotas en Cadenas", del poeta y abolicionista estadounidense, John Greenleaf Whittier.

26 "The 1788 Dolben Act," ['La Ley Dolben de 1788'] *Spartacus Educational*, https://spartacus-educational.com/ REdolbenAct.htm.

de 1807, el Congreso aprobó una ley, con apoyo de los representantes del Norte y el Sur, que "prohibía la importación de esclavos en cualquier puerto o lugar dentro de la jurisdicción de los Estados Unidos, desde cualquier reino extranjero, lugar o país".[27]

No obstante, no debemos confundir la trata de esclavos con la esclavitud. Esta ley sólo impedía la importación de nuevos esclavos. Sin embargo, ya había una población de más de 4 millones de esclavos distribuidos por Nueva Inglaterra y el Sur, y seguía estando permitido venderlos o comercializarlos. Y, dado que los hijos de los esclavos también eran esclavos, el Sur tenía una fuerza laboral autosuficiente.

Luego de la Guerra de la Revolución, muchos estados del Norte comenzaron a aprobar leyes que abolían la esclavitud. Sus economías estaban impulsadas por las fábricas y la manufactura. La mayoría de las granjas eran pequeñas, con escasa necesidad de mano de obra. Pero el Sur estaba repleto de enormes granjas y plantaciones. Cuando la desmotadora de algodón fue inventada en 1793, el procesamiento del algodón se volvió un negocio mucho más rentable y llegó a ser el producto exportado líder del país a mediados del siglo XIX. El eslogan de ese tiempo era "¡El algodón es el rey!" Sin embargo, aunque mucha de la dificultad de remover las semillas de la fibra de algodón había sido eliminada, todavía se necesitaba mucha mano de obra para sembrar y cosechar. El Sur no estaba dispuesto a considerar liberar a los esclavos que proveían la mano de obra. Las diferencias en torno a la esclavitud ocasionaron conflictos entre el Norte y el Sur que fueron escalando.

Un conflicto, por ejemplo, surgió durante la Convención Constitucional de 1787. James Madison había notado que "...los Estados estaban divididos en términos de sus intereses, no basados en su... tamaño... sino fundamentalmente por el hecho de tener o no tener esclavos". Este asunto se reflejaba en la representación en el Congreso. Al determinar las poblaciones, algunos delegados preferían definir la representación basada en la cantidad total de habitantes de un estado, ya fueran libres o esclavos. Aunque el Sur no deseaba liberar a sus esclavos, sí pretendía que fueran contados para determinar la representación en el Congreso. Otros estaban en desacuerdo porque los negros

27 "Congress Abolishes the African Slave Trade" ['El Congreso abolió el tráfico de esclavos africanos'] History.com, Dic. 4, 2020 https://www. history.com/this-day-in-history/congress-abolishes-the-african-slave-trade.

ni siquiera tenían derecho a votar, e incluirlos en la representación del Congreso sería equivalente a promover la trata de esclavos.

Este conflicto se resolvió con el "compromiso de los tres quintos". Se determinó que "tres quintos del número de esclavos de un estado serían añadidos al número de personas blancas libres, incluidos los siervos por contrato, pero no los indígenas, para determinar el número de congresistas que cada estado enviaría a Cámara de los Representantes". La cláusula de los tres quintos quedó incorporada en la Constitución de los Estados Unidos. Un resultado de esta cláusula fue que, antes de la Guerra Civil, los estados que tenían esclavos tenían una influencia desproporcionada sobre la Presidencia, la Presidencia del Congreso y la Corte Suprema de los Estados Unidos.[28]

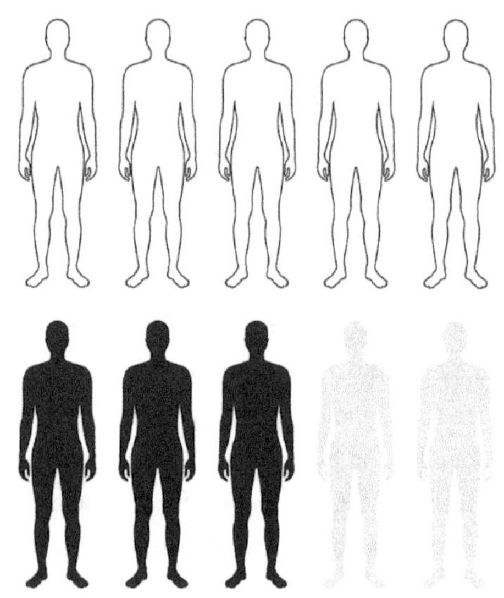

Algunos constitucionalistas se ofenden si la gente interpreta que esta decisión implica que se consideraba que los afroamericanos eran considerados como tres quintos de persona dado que esa fracción fue la que se utilizó para igualar las poblaciones. Pero desde el punto de vista de la gente de raza negra, la situación era aún peor. Haber sido considerados tres quintos de persona hubiera sido una gran mejora en ese tiempo, porque la mayoría de los amos de esclavos no los consideraban siquiera humanos. Seguían siendo tratados como cualquier otra posesión. De repente, se les tomó en cuenta para poder incrementar la representación del Sur en el Congreso, siendo que el Sur lo que quería era perpetuar la esclavitud. Todavía duele pensar cómo se percibía a la gente negra en ese tiempo –y la situación era aún peor para los nativos americanos. Ellos estaban aquí antes de que llegaran las olas de europeos al país, y, a

28 M. Simba, "The Three-Fifths Clause of the United States Constitution (1787)" ['La cláusula de los tres quintos en la Constitución de los Estados Unidos (1787)'] *BlackPast*, Oct. 3, 2014, https://www.blackpast.org/african-american-history/three-fifths-clause-united- states-constitution-1787/.

medida que se iban creando documentos para promover la libertad e igualdad en el país, los habitantes originarios fueron absolutamente ignorados y pasados por alto por ser considerados insignificantes.

RACISMO HACIA OTRO GRUPO

No obstante, este no sería el mayor insulto hacia los nativos americanos. Hasta aquí, nuestra discusión acerca de la raza se ha enfocado en los afroamericanos, pero he aquí un ejemplo de racismo escandaloso hacia una cultura distinta. A medida que los blancos europeos seguían llegando a los Estados Unidos y las poblaciones crecían, los nativos comenzaron a ser una molestia para los inmigrantes que deseaban crecer. Se había establecido una política para respetar los derechos de los indios americanos, pero el veloz acuerdo territorial hacia el Este del río Mississippi ocasionó conflictos con indígenas que ya habitaban allí. La situación se exacerbó con el hallazgo de oro en territorio Cherokee en Georgia en 1828. Dos años después, en 1830, se aprobó la Ley de Remoción de los Indios. El Presidente Andrew Jackson había promovido enfáticamente una nueva propuesta para proveer tierra sin poblar en las praderas occidentales a cambio de territorios tribales en el Este.

Algunas de las tribus del Norte aceptaron el cambio sin mayor resistencia. Pero las Cinco Tribus Civilizadas del Sureste (Chickasaw, Choctaw, Seminole, Cherokee y Creek) rechazaron el acuerdo propuesto por Jackson. Se las llamaba las tribus civilizadas porque habían cumplido con todo lo que se les había solicitado en sus esfuerzos por llevarse bien con los europeos recién llegados. Aprendieron a hablar y leer en inglés. Adoptaron modelos de propiedad de la tierra y estilos de vida de los blancos americanos. Muchos se convirtieron al cristianismo. ¡Algunos hasta tenían esclavos! No sólo tenían sus hogares y una extensa historia en ese territorio, sino que sus hijos asistían a las escuelas de los misioneros, tenían sus propios representantes en el gobierno y contribuían con sus operaciones comerciales a la comunidad. No eran simples granjeros que podían moverse fácilmente de una parcela de tierra a otra.

Sin embargo, cuando las tribus del Sur se rehusaron a mudarse voluntariamente, el ejército de los Estados Unidos fue enviado para expulsarlas. Los gobiernos de los estados apoyaban los esfuerzos del gobierno federal para mudar a los nativos americanos, pero cuando se cuestionó la legalidad de la destitución, el caso (*Worcester v. Georgia* [1832]) fue a la Corte Suprema. La Corte falló a favor de las naciones nativas, declarando que eran naciones soberanas "en las cuales las leyes de Georgia [y los demás estados] no tenían injerencia". Sin embargo, el fallo de la Corte no importó cuando el Presidente Jackson decidió desacatarlo. Para incrementar los incentivos para que se fueran, los "vecinos" blancos de los nativos comenzaron a usurpar sus tierras, robar su ganado, quemar y saquear sus casas y ciudades, y a veces incluso masacrarlos.

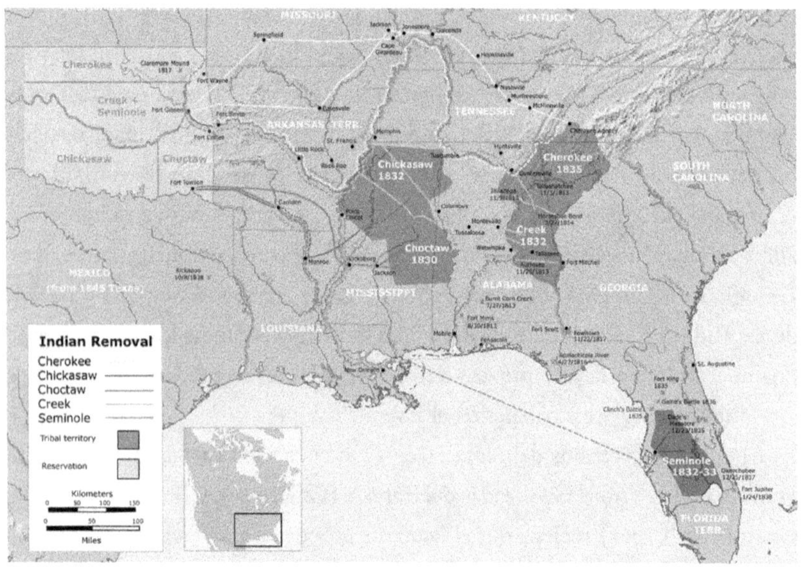

Cuando la resistencia demostró ser inútil, los Choctaw fueron la primera nación en ser completamente removida en el año 1831. Los miembros de las tribus fueron obligados a marchar a pie a lo largo de 5000 millas, atravesando lo que hoy representa nueve estados, desde Carolina del Norte hasta Oklahoma. Algunos iban encadenados y el gobierno no les proporcionó comida ni víveres. Miles murieron en el camino a causa de las enfermedades, la desnutrición y el agotamiento físico. Un líder Choctaw comentó que fue un "sendero de lágrimas y muerte". Este "Sendero de Lágrimas" sería recorrido durante una década por las distintas tribus, aunque el término es usualmente asociado a la tribu Cherokee que fue la que sufrió las mayores pérdidas en su exilio forzoso.[29] Según registros militares y de las propias tribus, se estima que

29 "Trail of Tears" ['Sendero de lágrimas'] History.com, Julio 7, 2020, https://www.history.com/topics/native- american-history/trail-of-tears.

unos 100.000 nativos americanos fueron obligados a mudarse, de los cuales unos 15.000 murieron en el trayecto.[30]

Qué irónico que el término "dador indio" llegara a significar alguien que te da algo y luego te lo quita. Quienquiera que haya inventado esa frase debió tener un sentido del humor enfermizo o desconocer absolutamente los hechos. Los nativos americanos cumplieron con los tratados que firmaron con el gobierno de los Estados Unidos pero esos tratados fueron quebrantados vez tras vez por los líderes del gobierno. Sería más correcto utilizar el término "dador americano", por lo menos en lo que refiere a esa época de la historia estadounidense. Mientras nos enfocamos en la historia de los negros para comprender cómo el racismo ha sido un problema permanente, recordemos que otras etnias han enfrentado problemas y tragedias similares.

Así como los propietarios blancos de los esclavos llegaron a justificar la esclavitud definiendo a los afroamericanos como "carga" o "propiedad", los colonos blancos racionalizaron el maltrato hacia los nativos americanos etiquetándolos de "paganos". Sin embargo, aún después de que algunas tribus se convirtieran al cristianismo y se volvieran más educadas y moralmente responsables que muchos de sus vecinos blancos, los blancos no tuvieron reparos en expulsarlos de sus tierras ancestrales con tal de obtener ganancias financieras.

DESTINO MANIFIESTO

A medida que los colonos avanzaban cada vez más hacia el Oeste, utilizaban a Dios para justificar la continua adquisición de tierras tribales:

> La independencia había sido obtenida con la Revolución y reafirmada con la Guerra de 1812. El espíritu nacionalista que cubrió la nación en las siguientes dos décadas exigía más territorio… En ese momento, habiendo ya ocupado y colonizado todo el territorio hasta el río Mississippi y habiendo explorado el territorio adquirido de Louisiana, los colonos avanzaron hacia el Oeste en manadas. John O'Sullivan, editor de periódicos, inventó el término "Destino Manifiesto" en 1845 para describir la esencia de esta mentalidad.
>
> El fervor religioso engendrado por el Segundo Gran Avivamiento creó un nuevo incentivo para avanzar hacia el Oeste. De hecho, muchos colonos creían que Dios mismo había bendecido a los Estados Unidos en su crecimiento. Los

30 Elizabeth Prine Pauls, "Trail of Tears" ['Sendero de lágrimas'] Encyclopaedia Britannica, https://www.britannica. com/event/Trail-of-Tears.

nativos americanos eran considerados impíos. Los misioneros americanos creían que podían salvar almas cristianizando las tribus, y fueron de los primeros en cruzar el río Mississippi.

En el corazón del Destino Manifiesto estaba la creencia en la superioridad cultural y racial de los americanos. Hacía mucho tiempo que los nativos americanos eran considerados como inferiores y se habían hecho numerosos esfuerzos por "civilizarlos", desde la época de John Smith y Miles Standish. Los hispanos que gobernaban Texas y los lucrativos puertos de California, también eran considerados como "retrasados".

La expansión de los límites de los Estados Unidos era también, en cierta forma, una batalla cultural. El deseo de los sureños de encontrar más tierras aptas para el cultivo del algodón, terminaría extendiendo la esclavitud hacia estas regiones. Hacia el norte de la línea de Mason-Dixon muchos ciudadanos estaban preocupados de continuar agregando estados esclavistas. El Destino Manifiesto tocaba temas relacionados con la religión, el dinero, la raza, el patriotismo y la moralidad. Esto estalló en la década de 1840, cuando comenzó lo que sería un verdadero drama regional.[31]

El Destino Manifiesto era la creencia de que era la voluntad de Dios que los Estados Unidos se extendieran desde la costa Este hasta la costa Oeste. Era un mandato divino. A cambio de tomar la tierra de quienes ya se encontraban allí, llevarían conocimiento, tecnología y progreso. El Artista John Gast creó una pintura memorable para ilustrar la mentalidad del Destino Manifiesto. Si bien su obra *American Progress (Progreso Americano)* fue pintada recién en 1872, capta la esencia de la mentalidad de los pioneros de la década de 1840. En primer plano (en el aire) se encuentra Columbia, una representación femenina de los Estados Unidos. (Con el tiempo, la representación sería reemplazada por la Estatua de la Libertad y por el Tío Sam). Columbia está avanzando hacia el Oeste, llevando en una mano la línea telegráfica. En la otra mano carga un libro. Debajo suyo y a su alrededor vemos las praderas, los ríos y las montañas. Delante de ella avanza una carreta Conestoga. Detrás de ella avanzan trenes y diligencias. A medida que ella avanza, abriendo camino para los colonos, los indios americanos y los bisontes huyen para quitarse de en medio.

La pintura *American Progress,* al igual que el concepto del Destino Manifiesto, fueron diseñados para despertar el orgullo por nuestro país en

31 "Manifest Destiny" ['Destino Manifiesto'] U.S. History, https://www.ushistory.org/us/29.asp.

crecimiento. Sin embargo, los Estados Unidos eran, indiscutiblemente, un país anglosajón. El conflicto creciente en torno a la esclavitud avanzó hacia el Oeste junto con los colonos, y el menosprecio y maltrato hacia los nativos americanos se repitió en las distintas regiones, con las distintas tribus. Aunque los Estados Unidos se veían como los promotores divinos del progreso, fueron culpables de hacer atrocidades durante este período.

El Artista John Gast creó esta pintura para ilustrar la mentalidad del Destino Manifiesto de la nación. Si bien su cuadro Progreso Americano fue pintado recién en 1872, captura la mentalidad de los pioneros de la década de 1840.

Mientras el esclavismo se expandía hacia el Oeste, en Washington D.C. se debatía el asunto. Vimos anteriormente que el comercio *legal* de esclavos fue prohibido en 1807 con un acta firmada por Thomas Jefferson. La ley entró en efecto el año siguiente, en 1808, el mismo año en que Gran Bretaña aprobó una ley que prohibía el comercio de esclavos. Las leyes no condenaban la *práctica* de la esclavitud, pero se suponía que prohibía la importación de esclavos hacia los Estados Unidos. Sin embargo, no todos acataron la ley y el comercio lucrativo de esclavos continuó de manera ilegal más allá del año 1808. Si bien la trata de esclavos era ilegal, rara vez de hacía cumplir la ley.

Sin embargo, tanto en Gran Bretaña como en los Estados Unidos y otras partes del mundo, surgieron movimientos que se oponían tanto a la trata de esclavos como a la esclavitud. El movimiento abolicionista estaba creciendo. Mucha gente y muchos grupos se rehusaron a condonar la esclavitud y se levantaron para condenarla. En los Estados Unidos, el Congreso trabajó para lograr un punto intermedio que pudiera unir a las dos facciones tan claramente divididas, con el fin de evitar mayores daños para el país.

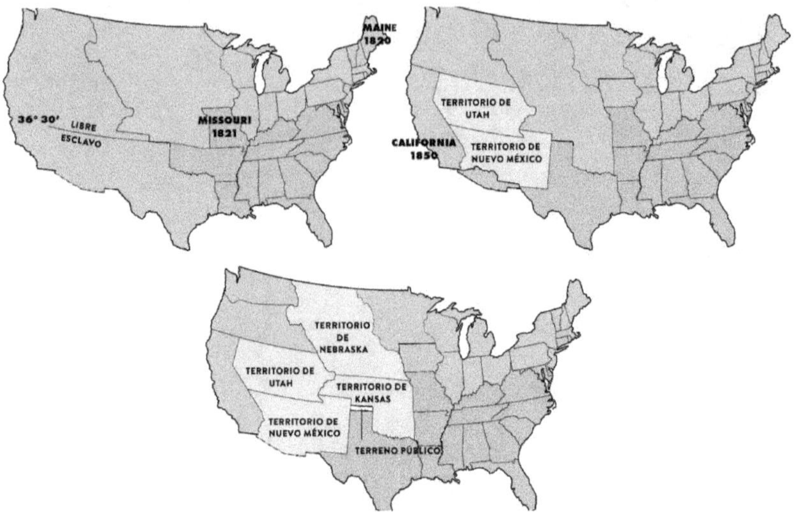

EL COMPROMISO DE MISSOURI DE 1820

En 1819, los Estados Unidos estaban compuestos por once estados libres y once estados esclavistas. El problema fue que Missouri estaba aplicando para unirse como estado, lo cual hubiera desequilibrado el balance de poder en favor de los estados esclavistas. Más allá de eso, los territorios hacia el Oeste que se preparaban para solicitar unirse como estados, tenían distintas opiniones respecto de la esclavitud. Casi todos estaban contentos con el crecimiento del país, pero ya no se podían evadir los temas problemáticos como se había hecho con las tribus nativas. La expansión hacia el Oeste había ignorado absolutamente los derechos de los nativos americanos. Poca gente en el poder lo notó o demostró interés en hacer algo al respecto. Pero la cuestión de la esclavitud no iba a desaparecer, y las distintas opiniones fuertes de ambos lados no se resolverían fácilmente.

El Compromiso de Missouri intentó mantener el balance entre los estados libres y los esclavistas. El plan desarrollado fundamentalmente por el congresista Henry Clay estipulaba que cuando un estado esclavista fuera a ingresar a la unión, un estado libre lo haría en simultáneo. Más específicamente, cuando Missouri se integrara como estado esclavista, también ingresaría Maine, como estado libre, asegurando que se mantuviera el equilibrio. Sin embargo, esto significaba que Missouri se convertiría en el estado esclavista ubicado más hacia el Norte y el primer estado hacia el Oeste del río Mississippi. Los abolicionistas estaban preocupados porque no querían que la esclavitud se expandiera hacia el Norte ni que avanzara hacia los nuevos territorios del Oeste que estaban siendo poblados rápidamente. Por lo tanto, el Compromiso también establecía que se prohibía la esclavitud en todos los territorios hacia el Norte de la latitud 36° 30' (Frontera Sur de Missouri).[32]

Ningún bando estuvo exultante con esta solución. Con el tiempo, todos se dieron cuenta lo difícil que sería asegurar que hubiera igual cantidad de estados libres que esclavistas, y que el Compromiso, en cierta forma, restringía el derecho de algunos nuevos estados de escoger si deseaban practicar la esclavitud, basándose exclusivamente en su ubicación geográfica. Aun así, el Compromiso de Missouri estuvo vigente durante más de 30 años.

EL COMPROMISO DE 1850

Tres décadas más tarde nació el Compromiso de 1850. Después de la guerra Mexicana-Americana (1846-1848), la nación incorporó nuevos territorios y los conflictos en torno a la esclavitud avanzaron hacia el Oeste. Esta acta incluyó a Henry Clay, Stephan Douglas, Daniel Webster y John C. Calhoun, entre otros. Incluía cinco proyectos de ley entre los cuales estaban: la admisión de California como estado libre, el derecho de los nuevos territorios a decidir si deseaban permitir la esclavitud y la adición del Acta del Esclavo Fugitivo de 1850 (una versión actualizada de la ley aprobada en 1793 que nunca se había hecho cumplir) que negaba a los esclavos el derecho a un juicio por jurado y exigía a los del Norte que ayudaran a capturar y devolver a los esclavos fugitivos. El Compromiso de 1850 y, fundamentalmente, el Acta del Esclavo Fugitivo, despertó mucha oposición. Irónicamente, el hecho de que la gente del

32 "Missouri Compromise" ['Compromiso de Missouri'] History.com, Nov. 4, 2019, https://www.history.com/topics/ abolitionist-movement/missouri-compromise.

Norte se hubiera negado a hacerla cumplir, hizo que el número de esclavos que huían hacia el Norte en busca de la libertad *creciera*. Las actas fueron derogadas en 1864, luego de que estallara la Guerra Civil, dado que el objetivo de las mismas había sido, justamente, evitar llegar al conflicto armado.[33]

EL ACTA DE KANSAS-NEBRASKA DE 1854

El Acta de Kansas-Nebraska de 1854 derogó efectivamente el Compromiso de Missouri y extendió una de las previsiones del Compromiso de 1850. Con todos los nuevos territorios que se estaban desarrollando (Utah, Nuevo México, Kansas, Nebraska), la determinación de "esclavo" vs. "libre" no parecía ser fácil ni conveniente. Por lo tanto, se decidió que, a medida que los estados se fueran incorporando a la unión, la decisión de su postura en relación a la esclavitud recaería en cada estado. Pero a esta altura, el activismo y la polarización política había alcanzado un punto más allá de ningún compromiso. Era un problema que había demostrado ser imposible de resolver.

Para cuando Kansas ingresó a la unión como estado libre en enero de 1861, ocho estados de Sur ya se habían separado. El país pronto estaría en guerra.[34]

Yo llamo a este período de la historia el tiempo del apaciguamiento. En lugar de terminar con la esclavitud y deshacerse de las atrocidades que traía consigo, el gobierno siguió buscando formas de conciliar –de apaciguar a todos para mantener a salvo la unión. Pero el Congreso no podría mantener a los estados unidos si no encontraba una solución definitiva para el tema de la esclavitud. La consecuencia inevitable era la división que desató la Guerra Civil.

¿Por qué seguimos confundidos sobre la raza? Tal vez, parte del problema se encuentre en nuestra historia. Al mirar hacia atrás en el tiempo, encontramos que nunca tuvimos un modelo real de igualdad entre blancos y negros. Los negros llegaron como esclavos y no fueron emancipados por 172 años (desde 1691 hasta 1863). Y aún después de la emancipación, las injusticias en su contra continuaron. Durante demasiado tiempo la reacción ante la subyugación de los negros fue decir "así es como siempre ha sido" o incluso "es la voluntad de Dios". Una historia tan larga y de tanta opresión no se olvida

33 "Compromise of 1850" ['Compromiso de 1850'] History.com, Feb. 10, 2020, https://www.history.com/topics/ abolitionist-movement/compromise-of-1850.

34 "Kansas-Nebraska Act" ['Ley Kansas-Nebraska'] History.com, Ago. 27, 2019, https://www.history.com/topics/19th- century/kansas-nebraska-act.

rápidamente. Si bien aún no hemos alcanzado la igualdad, mucha gente está trabajando duro para crear una sociedad donde, finalmente, todas las personas sean creadas (y tratadas) iguales.

5

El punto de inflamabilidad y la explosión (Historia: 1855-1875)

Antes de continuar con la lección de historia en este capítulo, quisiera decir lo impresionado que estoy por la pasión y el celo con que jóvenes negros se han involucrado en el tema de los derechos civiles e intentan lograr cambios en la sociedad. Sin embargo, en mi experiencia, muchos de ellos no tienen un entendimiento claro de su pasado. Mi intención es "unir los puntos" entre el lugar donde hemos estado como grupo de personas y donde nos encontramos hoy. El fervor y la pasión son cualidades admirables, pero se vuelven aún más potentes cuando se las combina con el conocimiento. Es por eso que me estoy enfocando tanto en la historia.

Este capítulo cubrirá un período de enorme progreso y esperanza para la gente de ascendencia africana. Pareciera que las cosas avanzan en la dirección correcta. La Declaración de la Emancipación, el fin de la Guerra Civil, la Era de la Reconstrucción, y algunas enmiendas históricas de la Constitución, apuntan a un tiempo de cambios positivos y oportunidades sin precedentes. Disfruta este capítulo mientras puedas. Desafortunadamente, el ánimo empeorará considerablemente en el próximo.

DRED SCOTT

La esclavitud era algo normal desde que se establecieron las primeras colonias en los Estados Unidos. Al principio, la esclavitud no se veía limitada sólo al Sur. Hacia fines del siglo XVIII, había esclavos incluso en Maryland, Nueva York y otras colonias del Norte. Pero mientras los del Norte comenzaron a liberar a sus esclavos, el Sur experimentaba una plenitud agrícola y económica generalizada. Quienes tenían esclavos no estaban dispuestos a resignar una fuerza laboral tan valiosa para el trabajo intenso requerido por las cosechas como el algodón y el tabaco.

Los debates acerca de cómo regular la esclavitud en los nuevos estados del Oeste se volvieron más acaloradas. El Partido Republicano fue formado a mediados de los años 1850 utilizando como plataforma la oposición a la extensión de la esclavitud hacia los territorios del Oeste, pero la Corte Suprema confirmó la legalidad de la esclavitud en esos territorios con su falló del año 1857 en el caso Dred Scott. Scott fue un esclavo que había sido propiedad de distintas personas y había vivido, por momentos, en estados libres. Durante una década de juicios en tribunales de primera instancia, había solicitado y obtenido su libertad, luego le había sido revocada ante una apelación, y dicha decisión fue confirmada por la Corte Suprema. La Corte había fallado diciendo que, sin importar si eran libres o esclavos, los descendientes afroamericanos no eran ciudadanos estadounidenses y, por lo tanto, no tenían derecho a reclamar en las cortes federales. También agregaron que la Quinta Enmienda protegía los derechos de los dueños de esclavos porque eran una propiedad legal.[35]

Para nuestra generación, es difícil comprender cómo era la esclavitud en el siglo XVIII y comienzos del siglo XIX, incluso en su versión más favorable. A las parejas esclavas se le negaba el derecho a un matrimonio legal, aunque Dred Scott logró casarse en una ceremonia civil con su esposa Harriet, lo cual fue una rarísima excepción. Lo más usual era que los esclavos adoptaran una ceremonia de “saltar la escoba” originaria de Ghana, pero utilizada no sólo en África sino también en otras culturas, como la de los gitanos. Era su forma de demostrar un compromiso mutuo y para con Dios, aunque no se les permitiera una ceremonia formal de matrimonio.

Los matrimonios afroamericanos no podían tener la certeza de que permanecerían juntos. Los esclavos podían ser vendidos a voluntad de sus amos. Los padres podían ser separados del resto de la familia y nunca más reencontrarse. Los niños podían ser vendidos y llevados a otro lugar. Se les había definido como “propiedades” y se les trataba como tales.

Con razón Dred Scott intentó con tanta insistencia lograr su libertad, la cual finalmente le fue negada. El fallo de la Corte Suprema fue una gran

35 "Dred Scott Case" [‘El caso Dred Scott’] History.com, Ago. 26, 2020, https://www.history.com/topics/black- history/dred-scott-case.

victoria para la facción esclavista y un golpe duro para los abolicionistas, pero despertó el interés de la nación.

LINCOLN, LA SECESIÓN Y LA GUERRA

El apoyo hacia el abolicionismo estaba creciendo y el nuevo partido Republicano tenía un candidato prometedor para la elección que se acercaba en 1860 –Abraham Lincoln. Varios estados del Sur ya habían amenazado con separarse de la unión si triunfaba un candidato Republicano. De hecho, Carolina del Sur y Mississippi habían estado abogando por la secesión desde el año 1850. Cuando Lincoln ganó la elección en noviembre de 1860, el Sur cumplió su amenaza. Para el mes de febrero de 1861, siete estados se habían separado, habían formado la Confederación de Estados Americanos y habían elegido su propio presidente –Jefferson Davis.

La elección del republicano Abraham Lincoln como décimo sexto presidente de los Estados Unidos fue el catalizador de la secesión de los estados del Sur de la Unión

Las tropas de ambos bandos fueron convocadas y todos se preparaban para el inevitable conflicto armado. El 12 de abril de 1861, los confederados tomaron un bastión de la Unión, el fuerte Fort Sumter en Carolina del Sur, dando comienzo a la Guerra Civil. Cuatro nuevos estados se unieron a la Confederación y algunos otros mostraban simpatía por los del Sur y les facilitaban soldados, pero sin tomar la decisión formal de separarse de la Unión.

Muchos soldados de ambos bandos estaban ansiosos por luchar para defender sus respectivas posiciones. Pero al extenderse el conflicto a lo largo de los años, las tropas y las provisiones escaseaban y se vivieron algunas de las batallas más sangrientas que este país haya experimentado. La Guerra Civil dejó a los Estados Unidos con cicatrices que aún no han sanado por completo. Incluso este mismo año se han hecho intentos por corregir algunos errores históricos y remover algunos elementos que glorifican indebidamente el legado de los líderes del Sur –estatuas, monumentos, banderas confederadas, nombres de calles y edificios, etc. Aunque alguna gente prefiere decir que la Guerra Civil se peleó para defender los derechos de los estados, pocos se atreverían a negar que la verdadera raíz del conflicto era la esclavitud. Nuestra nación soportó la guerra más sangrienta y más costosa que se haya luchado en territorio estadounidense sólo porque existía un grupo de personas dispuesto a morir por defender su creencia de que tenían derecho a poseer a otro grupo de personas. De los 2,4 millones de soldados, unos 620.000 murieron. Cientos de miles fueron heridos en batalla y buena parte del Sur acabó devastada.[36]

PROCLAMACIÓN DE EMANCIPACIÓN

Lincoln fue electo como abolicionista, pero, técnicamente, no lo era. Cuando fue electo por primera vez, su visión respecto de la esclavitud todavía estaba evolucionando. Lincoln interpretaba que, cuando la Declaración de la Independencia decía que "todos los hombres son creados iguales", significaba que, tanto la gente de color como los blancos, tenían los mismos derechos sociales y políticos, pero al mismo tiempo consideraba que la Constitución permitía explícitamente la esclavitud. En Peoria, Illinois, en el año 1854, expuso su manera de pensar en un discurso de tres horas. En una serie de debates, Stephen Douglas lo acusó de apoyar la "Igualdad de los Negros". Lincoln aclaró su postura: "Le diré que no estoy, ni nunca lo he estado, a favor de impulsar, de ninguna manera, la igualdad política y social de las razas blanca y negra". Lincoln estaba en contra de que la gente de color tuviera derecho a votar, a ser funcionarios electos, a servir como miembros de jurados, o a casarse con blancos. Sin embargo, creía que todos los hombres tenían el derecho a mejorar su condición en la sociedad y a disfrutar del fruto de su trabajo. Esto, según él, era algo válido tanto para blancos como para negros, lo cual era suficiente razón para oponerse a la esclavitud.[37]

36 "Civil War" ['Guerra Civil'] History.com, Junio 23, 2020, https://www.history.com/topics/american-civil- war/american-civil-war-history.

37 Sarah Pruitt, "5 Things You May Not Know about Abraham Lincoln, Slavery, and Emancipation" ['5 cosas que puede que no sepas acerca de Abraham Lincoln, la Esclavitud y la Emancipación'] History.com, Junio 23, 2020, https://www.history.com/news/5-things-you-may- not-know-about-lincoln-slavery-and-emancipation.

Sin embargo, después de ganar la elección y ver el resultado de tres años de combates brutales, Lincoln escribió en abril de 1864: "Estoy, naturalmente, en contra de la esclavitud. Si la esclavitud no está mal, entonces no hay nada que esté mal. No recuerdo un tiempo en que no pensara y sintiera esto".[38] La pregunta que se hacía constantemente era qué hacer con los esclavos cuando fueran liberados. ¿Debía liberarlos y animarlos a regresar a Liberia? ¿Debía derogar la esclavitud de manera gradual? ¿Debía compensar a los propietarios por sus pérdidas? (He leído que Lincoln estaba considerando una abolición *muy gradual* de la esclavitud, tal vez a lo largo de un período de hasta cien años. Si hubiera sido así, es muy probable que yo hubiera nacido siendo esclavo).

El profesor de historia Eric Foner, autor de *The Fiery Trial: Abraham Lincoln and American Slavery (El Juicio Pasional: Abraham Lincoln y la Esclavitud Americana)* explica el dilema que enfrentaba Lincoln:

> Lincoln estaba pensando su propia posición con respecto a la esclavitud. [Su "Discurso de Peoria"] verdaderamente representa su visión antes de la Guerra Civil. La esclavitud debía ser abolida pero no tenía claro cómo hacerlo. No es un abolicionista que criticaba a los del Sur. En este momento, Lincoln en realidad no ve a la gente de color como una parte de la sociedad americana. Son como un grupo extraño que había sido desarraigado de su propia sociedad e injustamente traídos al otro lado del océano. Decía: "Envíenlos de regreso a África". Y esta postura no era inusual en la época.
>
> La Proclamación de Emancipación repudia totalmente todas esas ideas anteriores de Lincoln. La abolición de la esclavitud es inmediata, no gradual. No se menciona ninguna compensación y no se incluye nada que tenga que ver con la colonización. Después de la Proclamación de Emancipación, Lincoln no dice nada en público acerca de la colonización.[39]

El objetivo primordial de Lincoln era salvar la Unión. Su Proclamación de Emancipación de 1863 no logró lo que la gente hoy cree que hizo. No liberó a todos los esclavos. En realidad, difícilmente haya liberado alguno. Lincoln había dejado clara su postura en un periódico en 1862: "Mi objetivo primordial

38 "Letter to Albert G. Hodges" ['Carta a Albert G. Hodges'] Abraham Lincoln Online, http://www.abrahamlincolnonline. org/lincoln/speeches/hodges.htm.

39 "Lincoln's Evolving Thoughts on Slavery, and Freedom" ['Los pensamientos evolutivos de Lincoln acerca de la esclavitud y la libertad'] Oct. 11, 2010, From NPR interview with Eric Foner, *The Fiery Trial: Abraham Lincoln and American Slavery* (New York: W. W. Norton & Company, 2010), https://www.npr.org/2010/10/11/130489804/lincolns-evolving- thoughts-on-slavery-and-freedom.

en esta lucha es salvar la Unión; no el salvar ni condenar la esclavitud. Si pudiera salvar la Unión sin liberar ningún esclavo, lo haría, y si tuviera que liberar a todos los esclavos para salvarla, también lo haría; y si pudiera salvarla liberando sólo algunos esclavos, también haría eso".[40]

En ese sentido, en septiembre de 1862, Lincoln instó a los estados confederados a volver a formar parte de la Unión. Les concedió 100 días para hacerlo, plazo que se cumplía el primer día de enero. Si no lo hacían, él declararía a sus esclavos "desde entonces y para siempre libres". Luego de no obtener una respuesta, y tras una victoria decisiva de la Unión en Antietam, emitió la Proclamación de Emancipación el primero de enero de 1863. Pero la libertad que ofrecía dicho documento era muy limitada. La Proclamación establecía que, a partir de esa fecha, todos los esclavos de los estados *actualmente en rebelión contra la Unión* serían liberados. Incluso el propio secretario de estado de Lincoln, William Seward fue crítico con la Proclama diciendo: "Mostramos nuestra simpatía con la esclavitud al emancipar los esclavos que se encuentran en lugares donde no podemos alcanzarles y manteniendo cautivos a aquellos a quienes sí podríamos liberar".[41]

Con todo, la Proclamación de Emancipación fue un punto de inflexión decisivo. Para empezar, la cantidad de esclavos liberados que huían hacia el Norte a medida que el ejército de la Unión avanzaba hacia el Sur, descartó la ingenua suposición de que muchos esclavos estaban contentos con la "protección" ofrecida por sus amos blancos. Casi 200.000 de los más de 3 millones de esclavos emancipados, utilizaron su libertad para unirse al ejército de la Unión. Además, el compromiso de Lincoln de liberar a los esclavos hizo que muchos que apoyaban a la Confederación desde Europa, ahora apoyaran a la Unión.[42]

Los afroamericanos ya tenían una tradición de haber defendido a los Estados Unidos, aunque el país ni siquiera les consideraba como iguales a los blancos. Cuando analizas los registros de las guerras, descubres algunas sorpresas: "Los negros americanos han servido en todos los conflictos armados desde la Guerra de la Revolución. Desde la creación de la Medalla de Honor,

40 "Emancipation Proclamation" ['Proclama de Emancipación'] History.com, Sept. 18, 2020, https://www.history.com/ topics/american-civil-war/emancipation-proclamation.

41 "Emancipation Proclamation" ['Proclama de Emancipación'] *Africans in America*, PBS, https://www.pbs.org/wgbh/aia/ part4/4h1549.html.

42 "Emancipation Proclamation" ['Proclama de Emancipación'] History.com, Ibid.

88 afroamericanos la recibieron". La Medalla de Honor había sido creada para la Guerra Civil, pero en 1863, el Congreso la convirtió en una condecoración permanente. Veintiséis soldados negros recibieron la medalla durante la Guerra Civil –dieciocho del Ejército y ocho de la Armada.[43]

Muchas iglesias afroamericanas todavía conmemoran la Proclamación de Emancipación en la víspera del año nuevo. Fue un gran paso que nos alejó de la esclavitud y nos acercó a la libertad, pero era sólo el comienzo. Los años siguientes a la Proclamación de Emancipación, traerían mayores motivos para celebrar.

DE APPOMATTOX AL DÍA DE "JUNETEENTH"

Luego de años de lucha, quedó claro que los estados confederados no podían hacer frente al ejército de la Unión. El general Robert E. Lee se rindió ante Ulysses S. Grant en el juzgado de Appomattox en Virginia, el 9 de abril de 1865. Este evento suele ser representado como el acto final de la Guerra Civil, pero la rendición de Lee fue sólo el primer dominó en las rendiciones de ejércitos del Sur frente a los del Norte. En las semanas siguientes, otros generales confederados se rindieron en las Carolinas, Alabama, y en distintos lugares en el Sur. El presidente Lincoln veía cómo la guerra llegaba a su fin, pero no llegó a verla culminada, ya que fue asesinado el 14 de abril de 1865.

La batalla final de la Guerra Civil fue la Batalla de Palmito Ranch, cerca de Brownsville, Texas, el 12 de mayo. Texas había permanecido bastante alejada de gran parte de la hostilidad de la guerra. Pero a medida que las tropas del Norte avanzaban hacia el Sur, muchos dueños de plantaciones habían huido hacia Texas llevando consigo a sus esclavos, en lugar de soltarlos o permitir que fueran capturados por el ejército de la Unión. Como resultado, había en ese entonces 250.000 afroamericanos en Texas que aún eran esclavos y que no estaban al tanto de la Proclamación de Emancipación emitida dos años antes.

Las noticias tardaban en llegar a Texas, pero eventualmente lo hacían. El 19 de junio de 1865, el General Mayor Gordon Granger del ejército de la Unión llegó a Galveston junto a dos mil soldados e informó que la Guerra Civil había acabado. Las mejores noticias para los 250.000 esclavos llegaron cuando Granger leyó públicamente la siguiente orden oficial: "Se informa al pueblo de

43 Charles W. Hanna, "African American Recipients of the Medal of Honor" ['Receptores afroamericanos de la medalla de honor'] (Jefferson, NC: McFarland & Company, 2002), p. 3.

Texas que, en cumplimiento de una Proclamación del poder ejecutivo de los Estados Unidos, todos los esclavos quedan liberados".[44]

El anuncio de Granger despertó celebraciones por todo Texas. Desde entonces, cada 19 de junio se conmemora el Día de Juneteenth, la festividad más antigua en los Estados Unidos. Actualmente, varios estados están impulsando que dicha festividad sea considerada un feriado nacional.

LA DECIMOTERCERA ENMIENDA (1865)

La Proclamación de Emancipación fue el primer rayo de esperanza de que los negros americanos se encaminaban hacia la libertad. El anuncio del 19 de junio en Texas también fue causa de celebración. Pero fue la decimotercera enmienda a la Constitución, ratificada el 6 de diciembre de 1865, la que dio un carácter oficial y duradero a la sanción de la liberación:

> Ni la esclavitud ni la servidumbre voluntaria deben existir en los Estados Unidos o en ningún territorio bajo su jurisdicción, excepto como castigo por un crimen por el cual el acusado hubiera sido debidamente condenado.

Allí estaba. Finalmente. La declaración oficial que *verdaderamente* liberaba a los afroamericanos. La primera vez que se utilizó la palabra esclavitud en la Constitución fue para abolirla. Había sido el propio Abraham Lincoln quien había presentado la resolución a las legislaturas estatales el 31 de enero para que fuera ratificada, pero no fue hasta el 6 de diciembre que se logró que la cantidad necesaria de estados ratificara la enmienda, razón por la cual Lincoln no llegó a ver el resultado.[45]

Antes de continuar, quiero que tomes nota de la cláusula de la enmienda que indica "excepto como castigo por un crimen". Más adelante veremos cómo esta cláusula fue utilizada por algunos grupos que no estaban contentos con la libertad e igualdad que la enmienda pretendía asegurar.

---

44 Tom Huddleston, Jr., "Juneteenth: The 155-Year-Old Holiday's History Explained" ['19 de Junio: explicación de la historia de un feriado de 155 años de antigüedad'] CNBC. com, Junio 17, 2020, https://www.cnbc.com/2020/06/15/what-is-juneteenth-holidays-history- explained.html.

45 "13th Amendment" ['Decimotercera enmienda'] History.com, Junio 9, 2020, https://www.history.com/topics/black- history/thirteenth-amendment.

LA ERA DE LA RECONSTRUCCIÓN (1865-1877)

Los años posteriores a la Guerra Civil fueron un período caótico para mucha gente. Mientras la nación comenzaba, lentamente, a sanar, muchos esclavos recientemente liberados y blancos pobres del Sur se encontraban sin rumbo. La reconstrucción generaba optimismo y ofrecía una expectativa real a medida que la gente negra comenzaba a lograr un status oficial a partir de varias acciones legislativas oficiales. Más adelante detallamos algunas de estas leyes.

Abraham Lincoln había comenzado a planificar el tiempo de reconstrucción cuando aún no había transcurrido un año desde la Proclama de Emancipación. Se daba cuenta de que sería necesario un plan para coordinar el regreso a la Unión de los estados que se habían separado, para ofrecer un futuro a los esclavos recientemente liberados y para resolver muchos otros detalles. Sin embargo, había mucha división incluso dentro del espectro político. Los abolicionistas habían salido triunfantes y estaban ansiosos por legislar mejoras que sentían que deberían haber sido implementadas mucho tiempo antes, pero aún había mucha oposición a una igualdad total para los esclavos recientemente liberados.

Tal vez hayas escuchado comentarios acerca de cómo la Reconstrucción fue, en cierta forma, una oportunidad para que los abolicionistas se vengaran e impusieran su voluntad sobre los sureños que habían sido derrotados y también sobre algunos pares más moderados. Puede que algo de verdad haya habido en esos comentarios. Por lo menos, seguramente quienes vivían en el Sur lo sintieron así. En retrospectiva, los efectos de la Reconstrucción resultaron muy positivos. Este período demostró lo equivocado que había estado el país al desmerecer la contribución potencial que podían hacer los afroamericanos a la ciencia, la política y la cultura en general. Pronto veremos cómo los negros demostraron ser iguales mientras se les permitiera serlo... y cómo, de repente, se les quitó ese privilegio.

LOS CÓDIGOS NEGROS (1865-1866)

La resistencia a la Reconstrucción surgió inmediatamente. Los estados del Sur no podían volver a ingresar a la Unión y tener ninguna oportunidad real de recuperarse de la guerra si no renunciaban a la secesión y abolían la esclavitud. Pero más allá de estos requisitos, los gobiernos estatales tenían cierta libertad para tomar sus propias decisiones. No estaban particularmente contentos al ver cómo florecían los esclavos liberados y su respuesta no se hizo esperar.

Muchos comenzaron a establecer lo que se conocieron como los Códigos Negros, muy similares a las versiones anteriores de códigos de esclavos, creados para recuperar una fuerza laboral barata de parte de los negros, a quienes todavía veían como seres inferiores. Quienes habían sido esclavos no podían testificar en contra de blancos en la corte, no podían portar armas ni casarse con alguien de otra raza (aunque el matrimonio entre afroamericanos ya era legal).

Además, fue entonces que los que estaban a favor de la esclavitud comenzaron a abusar de la "cláusula de excepción" de la decimotercera enmienda. La enmienda había prohibido la esclavitud, *excepto* como castigo para alguien que había sido condenado por un crimen. Este resquicio legal llevó al arresto generalizado de esclavos liberados sin una razón legítima. Los agentes de la ley utilizaron interpretaciones absurdamente amplias de las leyes de vagancia para justificar el arresto de personas inactivas, la fijación de multas costosas y del período de tiempo de trabajo que debían cumplir si no estaban en condiciones de pagar la multa. Básicamente, si no tenías un trabajo, podías acabar en la cárcel. Si simplemente estabas en la esquina, podías ser enviado a la cárcel. Si estabas haciendo algo que era considerado inapropiado, aunque no fuera ilegal, podías ser enviado a la cárcel. Y si eras pobre, y la enorme mayoría de ellos lo eran, la única forma de salir de la cárcel era trabajar hasta pagar tu multa. Los trabajos solían ser en grupos encadenados de prisioneros, o bien en una plantación. Era usual ver a afroamericanos trabajando en las granjas de sus antiguos dueños, tratando de pagar la multa por un delito inventado.[46]

Muchos de los policías y jueces habían sido soldados confederados, por lo cual era muy improbable enfrentar un juicio justo. Además, los códigos negros exigían que los afroamericanos tuvieran contratos laborales firmados anualmente porque, de lo contrario, verían limitada su libertad. Incluso el Presidente Andrew Johnson, sucesor de Lincoln, avaló los códigos negros, pero no logró aprobar políticas similares por no obtener los votos necesarios en el Congreso. Los abusos perpetrados a partir de estos códigos probablemente hayan contribuido a acelerar la aprobación de la decimocuarta enmienda.

---

46 Amy McKenna, "Black Code" ['Código Negro'] Britannica.com, Ago. 20, 2019, https://www.britannica.com/ topic/black-code.

EL SURGIMIENTO DEL KU KLUX KLAN (FORMADO EN 1865)

Una resistencia más siniestra y organizada surgió en 1865 cuando un grupo en Pulaski, Tennessee, comenzó una sociedad secreta. Tomaron un nombre que se cree que deriva de la palabra griega que significa "círculo" (*kyklos)*, Ku Klux Klan (KKK). El general Nathan Bedford Forrest fue elegido para liderar al grupo como "gran maestre". El grupo se organizó para resistir los cambios Constitucionales que se estaban implementando para asegurar la "igual protección" de los esclavos liberados. Aún después de que el Congreso pasara leyes específicamente creadas para detener el terrorismo ejecutado por el Klan, ellos dejaban claro que su principal objetivo era restablecer la superioridad blanca.

Aunque los miembros del Ku Klux Klan mantenían en secreto sus identidades mediante el uso de las capas y las capuchas, era de público conocimiento que la membresía abarcada todo el espectro social.

Su mentalidad racista encontró mucho apoyo como contraste a los planes que los Republicanos estaban implementando en el comienzo de la Reformación. Para 1870, el KKK se había extendido, prácticamente a todos los estados del Sur, uniendo fuerzas con otros grupos de supremacistas blancos y celebrando algunos triunfos electorales en elecciones estatales en todo el Sur en los años 1870.

El oponerse a las actividades desarrolladas por el Klan no llevarían a nada bueno y, muy probablemente, empeoraría la situación. Si bien las máscaras de sus disfraces mantenían sus identidades en secreto, se sabía que abarcaban todo el espectro social. Por ejemplo, pequeños granjeros, trabajadores asalariados, pequeños comerciantes, doctores, oficiales de gobierno e incluso ministros.

La influencia del KKK ha crecido y menguado a lo largo de los años. Pero dado que la raíz del Klan es el racismo, y dado que el racismo nunca fue eliminado de la cultura americana, el Klan permanece activo, incluso al día de hoy.[47]

LA OFICINA DE LIBERTOS (1865-1872)

Mientras los estragos de la guerra comenzaban a afectar al Sur, el Congreso creó la Oficina de Refugiados, Libertos y Territorios Abandonados. Más conocida como la Oficina de Libertos, era una organización diseñada para reclamar tierra que había sido abandonada o confiscada durante la guerra y ponerla a producir con blancos pobres y esclavos liberados. La Oficina construyó hospitales y escuelas, dio de comer a millones de personas, brindó asistencia legal (incluido el servicio de ayudar a los esclavos liberados a formalizar sus matrimonios), asistió a los veteranos negros y ayudó a los libertos a encontrar a sus familiares. Tenían también el objetivo de redistribuir las tierras para que los negros del Sur pudieran construir sus casas, pero finalmente, la mayor parte de las tierras regresó a sus dueños anteriores.

En muchas comunidades, los agentes de la Oficina eran los únicos representantes del gobierno federal. Aunque su labor era benéfica, muchas veces eran resistidos, ya sea ridiculizándolos o incluso, a veces, con violencia. A medida que la resistencia de los sureños blancos crecía, los esfuerzos de la Oficina de Libertos fueron detenidos por motivos políticos, falta de personal y de financiamiento. Más allá de estas limitaciones, en el año 1867 se fundó la Universidad Howard, cuyo nombre honraba a Oliver Howard, uno de los fundadores y presidentes de la universidad, y ex director de la Oficina de Libertos.

A la Oficina se le adjudica el logro de haber involucrado al gobierno federal en cuestiones sociales como el bienestar y las relaciones laborales. Un periodista escribió: La Oficina ayudó a despertar a los americanos en lo que refiere a la promesa de libertad, y durante un tiempo, la presencia física de la Oficina

47 "Ku Klux Klan," History.com, Nov. 2, 2020, https://www.history.com/topics/reconstruction/ ku-klux-klan.

en el Sur volvió palpables, para muchos ciudadanos, los principios abstractos de igualdad ante la ley y el trabajo a voluntad".[48]

ACTA DE DERECHOS CIVILES DE 1866

El Acta de Derechos Civiles de 1866 proponía ofrecer la ciudadanía a "todas las personas nacidas en los Estados Unidos" –excepto a los indios americanos. (Irónicamente, los nativos americanos eran los únicos que no podían tener la ciudadanía). Esta fue la primera legislación sobre Derechos Civiles aprobada por el Congreso, y sólo pudo ser aprobada después de que la Cámara de los Representantes anulara dos vetos impuestos por el Presidente Andrew Jackson. Finalmente, los negros tenían derecho a comprar casas, tener propiedades y ser ciudadanos estadounidenses.[49]

LA DECIMOCUARTA ENMIENDA (1868)

En el caso Dred Scott en 1857, la Corte Suprema había determinado que incluso los negros que hubieran nacido libres no tenían derecho a solicitar la ciudadanía. La decimocuarta enmienda redefinió la ciudadanía en los Estados Unidos: "Todas las personas nacidas en los Estados Unidos o bajo su jurisdicción, o naturalizadas, son ciudadanos de los Estados Unidos y del Estado en el que residen".

Esta enmienda también aclaraba que "Ningún estado puede crear ni imponer una ley que reduzca los privilegios y beneficios de los ciudadanos de los Estados Unidos". No se le daba a los estados individuales la determinación del estatus de los afroamericanos. Los derechos de los negros debían ser protegidos tanto por el estado federal como por los gobiernos estatales.

LA DECIMOQUINTA ENMIENDA (1870)

La decimocuarta enmienda permitía a los afroamericanos (y a otros) convertirse en ciudadanos de los Estados Unidos. La decimoquinta enmienda les brindaba el privilegio fundamental de la ciudadanía: el derecho al voto. "El

48 "Freedmen's Bureau" ['La oficina de libertos'] History.com, Oct. 3, 2018, https://www.history.com/topics/ black-history/freedmens-bureau#:~:text=The%20Freedmen's%20Bureau%2C%20formally%20known,aftermath%20of%20the%20Civil%20War.

49 "The Civil Rights Bill of 1866" ['La Ley de los Derechos Civiles de 1866'] *History, Art & Archives*, United States House of Representatives, https://history.house.gov/Historical-Highlights/1851-1900/The-Civil-Rights- Bill-of-1866/.

derecho de los ciudadanos de los Estados Unidos a votar no puede ser negado ni limitado a causa de la raza, el color de piel o su condición previa de servidumbre, por los Estados Unidos ni por ningún Estado".

Sin embargo, este derecho al voto, durante mucho tiempo sólo alcanzó a los varones. Sería medio siglo después que las mujeres –blancas o negras, por igual– fueron autorizadas a votar. Los hombres negros aprovecharon bien el privilegio que les acababa de ser otorgado. Se unieron a los republicanos que habían sido quienes habían apoyado sus avances, y para cuando los estados confederados volvieron a la Unión, la mayoría ya se encontraba bajo el control de los republicanos.

Lamentablemente, el control cambió de manos pronto, y los supremacistas blancos impusieron todo tipo de regulaciones para limitar las posibilidades de los afroamericanos de votar: impuestos al voto, evaluaciones de alfabetización, etcétera. Fue en el año 1965, con la Ley de Derechos de Voto, se levantarían todas estas barreras.

LEY DE DERECHOS CIVILES DE 1875

La Ley de Derechos Civiles de 1875 fue escrita con la intención de prohibir la discriminación racial en los espacios públicos, como los autobuses y trenes, los jurados, las escuelas, los teatros y demás ámbitos públicos. Sin embargo, simultáneamente crecía otro movimiento que buscaba promover la segregación, por lo cual quienes promovían la ley tuvieron que moderar el lenguaje y hacer tantas concesiones para lograr que fuese aprobada que, al final, no logró el impacto deseado ni marcó una diferencia importante para la gente de color.[50] Al poco tiempo sería revocada.

LEYES DE JIM CROW (1876)

Los códigos negros que habían comenzado en 1865 evolucionaron a lo que llegaron a ser las leyes de Jim Crow –un conjunto de leyes locales y estatales que legalizaban la segregación racial. El nombre Jim Crow hacía referencia a un personaje de una obra teatral, *Jim Crow el saltarín*, representado por un

50 "The Civil Rights Act of 1875," ['La Ley de Derechos Civiles de 1875'] *History, Art & Archives*, United States House of Representatives, https://history.house.gov/Historical-Highlights/1851-1900/The-Civil-Rights- Act-of-1875/ y "Civil Rights Act of 1875 Declared Unconstitutional" ['La Ley de Derechos Civiles de 1875 declarada inconstitucional'], Annenberg Classroom. https://www.annenbergclassroom.org/timeline_event/civil-rights-act-of-1875-declared- unconstitutional/.

actor que se disfrazaba de negro. Se pintaba la cara de negro y entretenía a la gente burlándose de la forma en que los negros hablaban e interactuaban entre sí. Su acto era casi tan ofensivo hacia los negros como estas leyes.

Al Johnson (arriba) en El Cantante de Jazz –la primera película con sonido producida en los Estados Unidos. Thomas Dartmouth (derecha) representaba una caricatura de un esclavo en su acto de juglar popular en el Sur durante el siglo XIX.

Las leyes de Jim Crow negaban los derechos básicos que ya habían sido concedidos a los afroamericanos –tener un trabajo, recibir educación, votar, etc. Pero no era el sistema legal el que hacía cumplir estas "leyes" corruptas. Cualquiera que quisiera ignorarlas se arriesgaba a ser arrestado, multado, encarcelado o incluso algo peor. Algunos fueron golpeados; otros fueron asesinados. Con el tiempo, estas leyes se volvieron cada vez más restrictivas, creando una fuerte división e infligiendo mucho dolor hasta que fueron oficialmente eliminadas con la Ley de los Derechos Civiles de 1964.[51] E incluso después, el espíritu de Jim Crow continuó influenciando el menosprecio por los negros y la desigualdad racial.

A pesar de la creación de los códigos negros, las leyes de Jim Crow y la formación del Ku Klux Klan, la era de la Reconstrucción fue un maravilloso tiempo para los afroamericanos que recién habían recibido la libertad. Cuando unieron sus votos a los de los republicanos progresistas, el Sur vio cambios sin precedentes:

51 "Jim Crow Laws," ['Las leyes Jim Crow']History.com, Dic. 2, 2020, https://www.history.com/topics/early-20th- century-us/jim-crow-laws.

> [La Reconstrucción] era esencialmente un experimento de democracia interracial a gran escala que no tenía precedentes en ninguna sociedad con posterioridad a la abolición de la esclavitud. La gente negra del Sur triunfó en las elecciones de varios gobiernos estatales e incluso en la elección de los representantes al Congreso en este período. Entre otros logros de la Reconstrucción, podemos contar los primeros sistemas escolares financiados por el estado, leyes impositivas más equitativas, leyes contra la discriminación racial en el transporte público, y ambiciosos programas de desarrollo económico (incluida la asistencia a las compañías de ferrocarriles y otras empresas).[52]

Sí, leíste bien. Tan sólo cinco años después de la Guerra Civil, hubo un senador negro representando a Mississippi. Quien tuvo ese honor fue Hiram Revels en el año 1870. En 1875 también lo logró Blanche K. Bruce. Durante la Reconstrucción, cerca de 2000 afroamericanos sirvieron en posiciones de gobierno. Fueron 16 en el Congreso, más de 600 en legislaturas de los distintos estados, y cientos más en puestos locales distribuidos por todo el Sur. Con todo, estos números aún no llegaban a ser representativos de su participación real en la población.[53]

¿Cuánto tiempo creerías que pasó hasta que un tercer senador negro fue electo? Lastimosamente, recién en 1967, casi un siglo después, Edward Brooke sería electo senador. Y cuando Carol Moseley Braun, la primera mujer afroamericana fue elegida senadora en 1993, recién era la cuarta persona de color en llegar al Senado. Barack Obama sería el quinto en 2005. Kamala Harris, ahora vicepresidente de la nación, fue la décima. Podemos decir, sin temor a equivocarnos que, a pesar del optimismo que despertó la Era de la Reconstrucción, el progreso posterior de los americanos de color fue muy lento.[54]

El clima político cambió drásticamente hacia fines de 1870. Así lo relata un historiador:

> Al finalizar el siglo, un nuevo sistema racial había sido establecido en el Sur, fundamentado en la privación del derecho al voto de los afroamericanos, un sistema rígido de segregación racial, la relegación de los negros a tareas domésticas

52 "Emancipation and Reconstruction" ['La emancipación y reconstrucción'] History.com, Nov. 2, 2020, https://www.history.com/ topics/american-civil-war/reconstruction.

53 "Black Leaders During Reconstruction" ['Los líderes negros durante la reconstrucción'] History.com, Dic. 10, 2020, https://www.history. com/topics/american-civil-war/black-leaders-during-reconstruction.

54 "African American Senators" ['Senadores afroamericanos'] Senado de los Estados Unidos, https://www. senate.gov/pagelayout/ history/h_multi_sections_and_teasers/Photo_Exhibit_African_American_Senators. htm.

> y agriculturales mal pagas, y violencia legal e ilegal que castigaba a quienes desafiaban este nuevo orden. No obstante, más allá de ser alevosamente violentadas, las enmiendas a la Constitución seguían siendo parte de la misma, como gigantes dormidos, como Charles Sumner las llamó, esperando ser despertadas por las generaciones subsiguientes en su búsqueda de redimir la promesa de verdadera libertad para los descendientes de esclavos. Recién en la década de 1960, con el movimiento de los derechos civiles, también llamado la "segunda Reconstrucción", el país intentaría cumplir con la agenda política y social de la Reconstrucción.[55]

¿Qué ocurrió? Veremos esos hechos desgarradores en el próximo capítulo, pero primero debemos detenernos a reflexionar en lo que pudiera haber sido. Cuando piensas en el progreso veloz que se había logrado cuando los afroamericanos podían tener igualdad de oportunidades, ves el potencial que existía y que nunca había sido reconocido. Algunos pasaron casi inmediatamente de sus servidumbres en granjas y plantaciones a ocupar puestos laborales muy respetados y de alta responsabilidad. Estaban mejorando el bienestar social de sus propias comunidades. Fue un tiempo muy promisorio y optimista.

No tengo dudas de lo distinto que sería nuestro país hoy si ese tipo de progreso hubiera tenido continuidad. ¿Cuánto hubiera hecho Dios para traer sanidad, para traer ese sentido de igualdad, si la gente en el poder no hubiera sido tan reticente? ¿Y qué lecciones nos deja para la actualidad?

Esto fue más que sólo un período de dificultad y frustración para los afroamericanos; fue una lucha por los corazones de las personas. Yo estoy convencido de que Dios ha estado presente en esta lucha, urgiendo a la gente justa a interceder y luchar por la libertad de otros que todavía no son libres. Es cierto que Él desea que seamos libres espiritualmente y que podamos disfrutar una relación con Él, pero también es importante que seamos libres a nivel social y que nos tratemos justamente mientras estamos en este mundo. Sin embargo, a lo largo de esta larga lucha por los derechos civiles y la igualdad, mucha gente se ha resistido a permitir que los afroamericanos alcancen este nivel de libertad cívica. Muchos han luchado diligentemente para impedirlo. El hecho de que aún hoy haya gente que lo hace es perturbador.

¿Por qué seguimos confundidos sobre la raza? A lo largo de la historia, la triste realidad es que la igualdad que alguna gente o grupo de personas busca

55 Eric Foner, "Reconstruction" ['Reconstrucción'] Britannica.com, Sept. 10, 2020, https://www.britannica.com/ event/Reconstruction-United-States-history.

–y merece– puede resultar amenazadora para quienes están en el poder. Los próximos capítulos te mostrarán los extremos que algunos blancos alcanzaron en su afán de impedir que la gente de color pudiera disfrutar sus legítimos derechos constitucionales.

6

La promesa destrozada (Historia: 1876-1910)

Las elecciones disputadas y las estrategias políticas manipuladoras no son algo nuevo para el siglo XXI. Si crees que la elección de 2020 fue combativa, contenciosa y desordenada, no sabes lo que fue la de 1876. Las tensiones políticas se venían acumulando desde el final de la Guerra Civil. Los estados del Sur habían sido admitidos nuevamente en la Unión, pero las actitudes del Partido Demócrata no habían cambiado mucho respecto de su pensamiento anterior a la guerra, y el Partido Republicano se encontraba dividido. Los republicanos progresistas creían que las políticas de Lincoln, en su esfuerzo por restaurar la Unión, no habían penalizado suficientemente a los sureños rebeldes. A pesar de algunas historias de éxito de los afroamericanos en la sociedad y la política durante la Reconstrucción, al finalizar la guerra, la mayoría no estaba educada aún y se encontraban en la miseria, siendo maltratados.

El sucesor de Lincoln, Andrew Johnson, había asumido una postura política incluso más liberal. Como representante del Congreso, gobernador y senador, había poseído esclavos, pero se oponía fuertemente a la secesión. Cuando Lincoln fue elegido, Johnson se cambió de partido y se hizo republicano. Luego de que Tennessee se separara de la Unión, él fue el único que permaneció en el Senado y se rehusó a unirse a la confederación. Él permaneció fiel a la Unión, aunque nunca fue un defensor de la liberación de esclavos, llegando a decir: "…negros, estoy luchando contra los traidores aristócratas, sus maestros".[56]

56 "Andrew Johnson," *Britannica*, https://www.britannica.com/biography/Andrew-Johnson.

AÚN CONFUNDIDOS SOBRE LA RAZA

Como presidente, Johnson perdonó a la mayoría de los blancos sureños por su rebelión, exceptuando a los líderes confederados –si bien, la mayoría de ellos acabaron siendo perdonados individualmente. Los nuevos gobiernos estatales del Sur estaban siendo formados y sólo se les exigió el repago de la deuda por la guerra, la abolición de la esclavitud y la desaprobación a lo que significó la secesión. Por lo demás, conservaban la libertad de determinar sus propias reglas y regulaciones, lo cual no resultó tan fácil en la práctica. La situación en el Sur era nefasta:

> Había grandes áreas devastadas, ciudades en ruinas, granjas abandonadas, hambre, una sociedad en caos, fracturada y desmoralizada, cientos de miles de personas desplazadas (incluidos los esclavos recientemente liberados y los soldados que quedaron luego de que se desbandara el ejército confederado), y un gobierno civil prácticamente inexistente. En resumen, de no ser por la presencia del ejército de la Unión, la región estaba muy cerca de la anarquía total... La forma en que el ejército mantuvo el orden varió, pero podemos ver la situación de la que había sido capital de la Confederación, Richmond, Virginia, como ejemplo...
>
> Tal vez la tarea más inmediata con implicaciones de largo plazo era la restauración de la agricultura. Quedaban pocas semanas para sembrar y los campos alrededor de Richmond estaban totalmente abandonados. La situación no sólo tenía que ver con preparar la tierra y sembrar, sino que también se debían resolver las cuestiones laborales –los esclavos ahora eran libres y ya no estaban obligados a trabajar, ni debían hacerlo gratis. El ejército tuvo que funcionar como oficina de trabajo y facilitar una nueva relación que lograra que los campos fueran sembrados y, al mismo tiempo, respetara los derechos de los libertos. Para alentar a los libertos a regresar a las granjas donde habían trabajado anteriormente, el ejército condicionó la distribución de las raciones de comida a la voluntad de trabajar de los trabajadores saludables. Al mismo tiempo, el ejército se aseguró de que los terratenientes pagaran adecuadamente a los trabajadores (en algunos casos incluso fijando el valor del salario) y los trataran como correspondía a su nueva condición de hombres libres.[57]

Como vimos en el capítulo anterior, la Reconstrucción fue una bendición para los afroamericanos. Más allá de esto, estaba claro que no todos estaban cómodos con el veloz ascenso de los negros en la sociedad y la política. Los estados de Sur adoptaron los Códigos Negros, y el Ku Klux Klan comenzó

57 Lieutenant Colonel Jeffrey A. Calvert, "The Occupation of the South" ['La ocupación del Sur'] Army Heritage Center Foundation, https://www.armyheritage.org/soldier-stories-information/the-occupation- of-the-south/.

a crecer en fuerza y cantidad. Sin embargo, esas fuerzas degradantes fueron mantenidas a raya, en cierta forma, por la presencia de las tropas federales que habían sido desplegadas para mantener la paz.

La presidencia de Johnson siguió complicando el progreso afroamericano por el temor a lo que podía ocurrir si los negros llegaban a tener más poder que los blancos. Johnson intentó vetar la Ley de Derechos Civiles de 1866, pero su veto fue anulado por el Congreso. Sí logró, en cambio, vetar una ley que hubiera extendido la existencia de la Oficina de Libertos, que acabó cerrando. Se opuso, sin éxito, a la decimocuarta enmienda que otorgó la ciudadanía e igualdad ante la ley a los esclavos (y a cualquiera) que hubiera nacido en los Estados Unidos.

Johnson fue reemplazado en 1869 por Ulysses S. Grant quien, al igual que Lincoln, tenía la intención de reunir al Norte con el Sur. Él se había mostrado a favor del perdón hacia los líderes confederados, y al mismo tiempo, había promovido legislación y políticas que incrementaban los derechos civiles de los esclavos liberados. Ahora bien, como suele ocurrir cuando se busca transigir, ninguna de las partes acaba satisfecha. Algunos acusaban a Grant de interferir con los derechos de los estados y otros decían que no había insistido lo suficiente como para garantizar la libertad y la igualdad para los afroamericanos. Sin embargo, fue la presencia de las fuerzas federales que Grant había desplegado por todo el Sur para mantener la ley y el orden, lo que que limitó el poder de grupos como el Ku Klux Klan.[58] Fue durante los dos mandatos de Grant que los libertos comenzaron a tener éxito y a ser aceptados en una cultura que los integraba cada vez más.

EL COMPROMISO DE 1877 / EL FIN DE LA RECONSTRUCCIÓN

Entonces, ¿qué fue lo que acabó con la Reconstrucción? Las tensiones políticas alcanzaron nuevos niveles durante la elección presidencial de 1876. Rutherford B. Hayes, el candidato republicano, competía con Samuel Tilden, de los demócratas. A la medianoche del día de la elección, Tilden tenía 184 votos electorales, faltando sólo uno más para obtener la victoria, y en cuanto al voto popular llevaba 250.000 votos de ventaja. Sin embargo, el resto de los votos estaban siendo disputados.

58 "Ulysses S. Grant," History.com, Marzo 30, 2020, https://www.history.com/topics/us- presidents/ulysses-s-grant-1.

AÚN CONFUNDIDOS SOBRE LA RAZA

La influencia republicana en el Sur había ido reduciéndose en los años 1870. En la elección de 1876, sólo en tres de los estados del Sur, se consagraron gobernadores republicanos. Los republicanos acusaban a los demócratas de maniobras de intimidación y sobornos para que los afroamericanos no votaran en esos estados. De hecho, la elección en Carolina del Sur había estado marcada por la violencia y el derramamiento de sangre. Al igual que en Florida y Louisiana, los tres estados habían enviado dos copias de resultados de la elección con distintos ganadores. Mientras tanto, el gobernador demócrata de Oregon había reemplazado a un elector republicano con uno demócrata, poniendo en riesgo ese elector crucial que faltaba. ¿Qué pasaría entonces?

El Congreso decidió crear una comisión electoral que trataría de ser lo más justa posible. Incluyó a cinco miembros de la Cámara de Representantes, cinco senadores y cinco jueces de la Corte Suprema. De los elegidos, siete eran demócratas, siete republicanos y uno era independiente. Pero cuando el independiente se negó a integrar la comisión, fue reemplazado por un republicano.

Cuando la comisión aún se encontraba deliberando, los republicanos se reunieron con los demócratas para lograr un acuerdo. Acordaron que los demócratas concederían la victoria a Hayes y respetaría los derechos políticos y civiles de los afroamericanos. A cambio, Hayes se comprometía a integrar a un líder sureño en su gabinete, a enviar asistencia económica para el ferrocarril de Texas y el Pacífico, y a retirar a todos los soldados federales del Sur.

El 2 de marzo de 1877, Rutherford B. Hayes recibió oficialmente 185 votos, alzándose con la victoria. Designó a un hombre de Tennessee como Director General de Correos, y, si bien nunca cumplió su promesa de financiar el ferrocarril, sí retiró todas las tropas federales que habían estado protegiendo los derechos constitucionales de los afroamericanos en el Sur. Los demócratas del Sur acabaron renegando de su promesa de asegurar los derechos de los ciudadanos negros. Ese fue el último suspiro de la Reconstrucción. Se crearon las leyes de Jim Crow y el Sur se volvió un territorio altamente segregado.

Los afroamericanos *legalmente* conservaban sus derechos, pero la realidad era muy distinta. Al retirar la protección militar, los negros comenzaron a sufrir intimidación y amenazas con el fin de evitar que votaran, buscaran empleo, compraran casas o vendieran propiedades. El Compromiso de 1877 cambió totalmente el escenario para los negros que habitaban en el Sur. No volverían a experimentar los mismos niveles de igualdad y respeto, por más de un siglo, hasta la llegada del Movimiento por los Derechos Civiles en los años 1960.[59]

LOS CASOS DE DERECHOS CIVILES DE 1883

Parecía que la Era de la Reconstrucción sería un período de liberación e igualdad para negros y blancos. Fue un tiempo en que cada vez más gente comenzó a hablar a favor de los derechos civiles, pero las voces de los que se oponían fueron más fuertes y más persistentes. En 1883, la Corte Suprema de los Estados Unidos atendió cinco casos que, dada su similitud, fueron consolidados en un solo fallo.

Varios individuos y grupos habían estado luchando contra la Ley de Derechos Civiles de 1875. La Ley pretendía asegurar el trato igualitario hacia los afroamericanos en los espacios públicos. Los opositores plantearon la pregunta: "¿Y qué con los ámbitos *privados*? ¿No tengo derecho a decidir quién come en mi restaurante, sube a mi autobús o se sienta en mi cine?" La Ley impedía que el gobierno federal discriminara, pero ¿qué pasaba con los ciudadanos? Los argumentos eran un burdo intento de legalizar el prejuicio y el caso llegó hasta la Corte Suprema. En una decisión tomada con ocho votos a favor y uno en contra, la Corte determinó que, si un estado no hacía cumplir las leyes, permitiendo, de hecho, la discriminación, el Congreso no tenía derecho de intervenir y legislar. El fallo no sólo eliminó la protección del Congreso hacia los afroamericanos que brindaba la decimocuarta enmienda, sino que además invitaba a los estados del Sur a tolerar (e incluso promover) la discriminación privada.

El único voto disidente fue el del Juez John Marshall Harlan (cuyos padres nombraron en honor a otro juez de la Corte Suprema llamado John Marshall). En algún punto de su carrera, Harlan había sido descrito como "un caballero del Sur, poseedor de esclavos y conservador". Aunque había luchado en el ejército de la Unión y se oponía a la secesión, no había estado a favor de la emancipación de esclavos ni de la protección que les brindaban las leyes de derechos civiles. Sin embargo, habiendo visto las brutalidades perpetradas por el Ku Klux Klan, terminó cambiando su forma de pensar, renunció a su

59 "Compromise of 1877" ['Compromiso de 1877'] History.com, https://www.history.com/topics/us-presidents/ compromise-of-1877.

postura anterior, se hizo republicano y fue propuesto para la Corte Suprema por Rutherford B. Hayes en 1877.[60]

En el caso de los derechos civiles, Harlan había argumentado que si tu establecimiento privado tenía un efecto de interés público, entonces ya no tenías derecho a discriminar. La postura que adoptó en 1883 fue muy audaz. Yo respeto a Harlan y lo tomo como un ejemplo de cómo Dios posiciona personas para promover la rectitud, aunque sus voces no sean escuchadas o acatadas. A pesar de los esfuerzos de Harlan, el fallo determinó que la Ley de Derechos Civiles de 1875 era inconstitucional, eliminando la prohibición de la discriminación racial en los espacios públicos. Además, se concedió más poder a los estados individuales para regular las prácticas de segregación privadas, informales y locales. Este fallo prevaleció hasta que entró en vigencia la Ley de Derechos Civiles de 1964.[61]

Así es. *La Ley de Derechos Civiles de 1964 era, en esencia, una copia de la Ley de Derechos Civiles de 1875, pero tomó casi un siglo para que pudiera ser reemplazada.* Pero no nos detendremos aquí. La Ley de Derechos Civiles de 1866 que permitía a los afroamericanos libertos tener propiedades y transferirlas, nunca fue cumplida y fue totalmente pasada por alto. Esos derechos no fueron legislados nuevamente hasta La Ley de Derechos Civiles de 1968. Esto quiere decir que *dos leyes del Congreso*

El presidente Lyndon B. Johnson firmó la Ley de los Derechos Civiles de 1968, el 11 de abril de 1968– dos días después del funeral del Dr. Martin Luther King, Jr.

60 C. Vann Woodward, "Plessy v. Ferguson," *American Heritage*, Vol. 15, Issue 3, 1964, https:// www.americanheritage.com/plessy-v-ferguson#1.

61 Melvin I. Urofsky, "Civil Rights Cases" ['Casos de Derechos Civiles'] *Britannica*, Oct. 8, 2020, https://www.britannica. com/topic/Civil-Rights-Cases.

que garantizaban derechos civiles básicos a los afroamericanos, tuvieron que ser re escritas casi un siglo después.

Solemos pensar que el Movimiento por los Derechos Civiles de los años sesenta fue una novedad. No. Sino que en ese tiempo los afroamericanos volvieron a recibir los derechos que les habían sido concedidos un siglo antes, y luego les habían sido quitados.

Imagínate lo que se podría haber logrado en estos cien años. Durante la Reconstrucción los afroamericanos tenían derecho a votar, a ser electos para cargos públicos, y a vender y comprar propiedades. Más importante aún, esos derechos eran protegidos y cumplidos en esa época, sin importar el color de piel.

Permíteme explicarte lo que ocurre cuando no permites a la gente comprar y tener propiedades a su nombre: le impides acumular riqueza. Si a los blancos se les permite acumular propiedades y heredarlas a sus hijos, mientras a los negros no, al cabo de un siglo, la desigualdad financiera es considerable. Por eso no sorprende que se hayan generado tantas tensiones. (Veremos esto en más detalle en otro capítulo). Los afroamericanos fueron detenidos durante esos 100 años, desde 1866 hasta 1968–un siglo perdido hasta que les fueron restituidos los derechos humanos básicos.

Sin embargo, según espero demostrar en los próximos capítulos, no es correcto atribuir este problema a un aspecto claro de blancos contra negros. Los caucásicos, como conjunto, se beneficiaron por las leyes injustas y por el incumplimiento de algunas leyes justas, pero eso no quiere decir que todos los blancos estaban de acuerdo con lo que ocurría. Así como siempre han habido racistas que se oponían vehementemente a la igualdad para los negros, también han habido blancos que promovieron la justicia y los derechos civiles para todos. Ellos luchaban por la igualdad en ese tiempo y también lo hacen hoy.

EL NACIMIENTO DE LA EUGENESIA (1883)

Mientras la Corte Suprema de los Estados Unidos deliberaba acerca de los Casos de Derechos Civiles de 1883, del otro lado del Atlántico, Sir Francis Galton publicaba un nuevo libro llamado *"Inquiries into Human Faculty and Its Development"* (Investigaciones sobre la Facultad Humana y su Desarrollo). En dicho libro, Galton acuña el término *eugenesia* ("bien creado" o "de buen origen"), un concepto basado en la especulación de Platón acerca de la posibilidad de diseñar una sociedad superior favoreciendo la procreación entre miembros ilustrados de clase alta, y desincentivando la procreación entre personas de las clases más bajas. Desde que él escribió estas ideas, la "ciencia" de la eugenesia siempre ha estado presente de una u otra forma– algunas mucho más arteras que otras.

Galton era primo de Charles Darwin y fue influenciado por su teoría de la selección natural. Si bien su trabajo no fue muy bien recibido en Gran Bretaña, sí fue rápidamente adoptado en los Estados Unidos. En 1896, Connecticut aprobó una ley que prohibía el matrimonio entre personas que tenían epilepsia o alguna "discapacidad mental". A medida que esta filosofía se extendía, las categorías de los "no aptos" pasaron a incluir a los inmigrantes, las minorías y los pobres. Los afroamericanos ciertamente formaban parte de esa categoría, pero también lo eran los caucásicos que no eran percibidos como parte de la élite social, como los irlandeses, polacos y las etnias de Europa del Este. Muchos de ellos fueron esterilizados involuntariamente. A principios de 1909, el estado de California esterilizó a aproximadamente 20.000 personas en instituciones mentales estatales. En 1927, la Corte Suprema dictaminó que la esterilización forzada de las personas con discapacidad mental no violaba la Constitución. (Ese fallo recién fue revocado en 1942, cuando ya habían sido esterilizadas miles de personas). Treinta y tres estados permitieron la esterilización involuntaria de minorías y de cualquier otra persona que los legisladores consideraban que debían ser impedidos de reproducirse.

Los promotores de la eugenesia a principios de los años 1900 incluían al magnate de los cereales John Harvey Kellog, al Presidente Theodore Roosevelt, su Secretario de Estado Elihu Root, al zoólogo Charles B. Davenport, al premio Nobel Hermann J. Muller, entre otros. Se crearon organizaciones nacionales e internacionales y se realizaron conferencias de alcance internacional en los años 1912, 1921 y 1932. Fue entonces que Adolph Hitler adoptó la eugenesia con el objetivo de crear una raza superior aria. Para el año 1940, cientos de miles de alemanes con discapacidades físicas o mentales habían sido asesinados mediante gas o inyecciones letales. Cuando los estadounidenses vieron el horror que se estaba cometiendo, muchos comenzaron a denunciar la eugenesia. La opinión pública comenzó a cambiar a causa de las preocupaciones morales y religiosas, pero las esterilizaciones forzadas continuaron.[62]

62 "Eugenics," ['Eugenesia'] History.com, https://www.history.com/topics/germany/eugenics

El término *eugenesia* se dejó de utilizar, pero la práctica había sido adaptada y refinada bajo el nuevo título de "ingeniería genética humana" que prometía la prevención o cura de enfermedades, brindar información a los padres de posibles rasgos no deseables en un niño, etcétera. Aun así, el proceso sigue siendo controversial. Un recuento reciente identificó 264 compañías de evaluación genética en todo el mundo que ofrecen sus servicios en línea y realizan todo tipo de promesas.[63]

Algunos de los científicos sociales que crearon preguntas para las evaluaciones estandarizadas de coeficiente intelectual (evaluaciones de IQ) apoyaban la eugenesia, por lo cual, hubo momentos en que las evaluaciones tenían sesgos importantes. Incluso el examen SAT, desarrollado para alumnos de secundaria que desean ingresar a la universidad, contiene muchas preguntas que tienen un sesgo que favorece algunas culturas por sobre otras y que, sutilmente, pueden hacer aparecer a un grupo como más inteligente que el otro, sin que esto sea necesariamente cierto.

PLESSY CONTRA FERGUSON (1896)

Cuando la corriente comenzó a volverse en contra de los afroamericanos en el Sur, los cambios ocurrieron rápidamente, pero no de inmediato. Uno de los amigos de Mark Twain de Hartford, Connecticut, participó de una exposición internacional en Nueva Orleans en 1885, y escribió lo siguiente: "los blancos y la gente de color se entremezclaban libremente, conversando y observando aquello que era de interés mutuo". Dos razas, decía, asociadas en "una inconsciente igualdad de privilegios". Por ejemplo, un clérigo negro colaboró en el servicio en la iglesia Episcopal blanca más importante de la ciudad.

Sin embargo, cambios drásticos se avecinaban para los afroamericanos. El historiador C. Vann Woodward describió las crecientes restricciones:

> La primera ley de Jim Crow fue adoptada por Florida en 1887 y exigía que los ferrocarriles transportaran a los negros en vagones separados o en compartimentos especiales. Mississippi siguió el mismo ejemplo en 1888; Texas en 1889; Louisiana en 1890". [Los demás estados del sur lo hicieron muy poco tiempo después].

63 Libby Copeland, "You Can Learn a Lot About Yourself from a DNA Test. Here's What Your Genes Cannot Tell You" ['Puedes aprender mucho de ti mismo con un examen de ADN. He aquí lo que tus genes no te pueden decir'] *Time*, Marzo 2, 2020, https://time.com/5783784/dna-testing- genetics/.

> Los negros miraban con desesperación cómo se establecían los fundamentos legales para el sistema de Jim Crow y se empezaban a erigir los muros de la segregación. Las esperanzas que habían albergado a partir de las enmiendas de la Guerra Civil y las leyes de la Reconstrucción se habían disipado por completo para el año 1890. El compromiso estadounidense con la igualdad, evidenciada en las tres enmiendas a la Constitución y por las elaboradas leyes de derechos civiles, fue prácticamente repudiado. El "Compromiso de 1877" entre los republicanos de Hayes y los conservadores sureños había resultado en el retiro de las tropas federales del Sur y el final formal de la Reconstrucción. Lo que comenzó como un retiro acabó siendo una enorme derrota al cabo de 10 años. Los radicales y liberales del Norte habían abandonado la causa: las cortes habían hecho que la Constitución no resultara de ayuda; el partido republicano había olvidado la causa que había impulsado inicialmente. Se estaba extendiendo por el país una ola de racismo que no enfrentaba oposición.[64]

Aun así, en 1890, en Louisiana, un gran número de afroamericanos todavía votaban y la Asamblea General de Louisiana tenía dieciséis senadores y representantes negros, por lo cual se presentó una protesta con la ley de Jim Crow. Declararon que era "inconstitucional, anti americana, injusta, peligrosa y contraria a una buena política pública". Si se aprobaba, prometía ser una "licencia para que los mal predispuestos pudieran humillar, insultar y hasta maltratar impunemente a personas inofensivas, especialmente a las mujeres y niños de color".

A pesar de esto, la ley fue aprobada. El grupo que había protestado decidió desafiar a los vagones sólo para blancos con un caso testigo. Se enteraron de que los propios oficiales del ferrocarril de Louisiana sostenían que la ley era "mala y malvada", y que desearían poder eliminarla, a tal punto que instruyeron a los conductores a colocar los carteles

El arresto de Homer A. Plessy y el caso que enfrentó en la corte, Plessy v. Ferguson, llevó a la doctrina de "separados pero iguales" cuya vigencia se extendió hasta el año 1954.

64 C. Vann Woodward, "Plessy v. Ferguson," *American Heritage*, Vol. 15, Issue 3, 1964, https:// www.americanheritage.com/plessy-v-ferguson#1.

exigidos indicando la exclusividad de algunos vagones, pero a no molestar a nadie que ignorara los carteles. Para ellos, además, el ofrecer vagones separados sólo para blancos era un costo adicional innecesario.

Un hombre llamado Homer Adolph Plessy fue seleccionado para desafiar las injusticias que se estaban instaurando. Él era, según su propia definición, "siete octavos caucásico y un octavo descendiente de africano", y más adelante, declararía en la corte que "la mezcla de la sangre es indiscernible". Compró un billete hacia un destino dentro del estado de Louisiana (para evitar cualquier complicación interestatal) y se sentó en el vagón destinado sólo para blancos. Dado que Plessy podía pasar desapercibido como blanco, se entiende que el ferrocarril había sido informado del plan y estaba dispuesto a cooperar.[65]

Plessy fue escoltado por un detective de la policía que lo obligó a descender del tren para luego ser llevado a la corte. Él presentó una petición ante el juez John Ferguson, alegando que la ley del ferrocarril violaba la cláusula de igualdad prevista en la decimocuarta enmienda. Su caso acabó en la Corte Suprema. El 18 de mayo de 1896, la Corte consideró que la doctrina de "separados pero iguales" era constitucional. Sin embargo, en su fallo, determinaron que la Decimocuarta Enmienda aplicaba sólo a derechos políticos y civiles (votar, participación en los jurados, etc.), y no a "derechos sociales" como sentarse en cualquier asiento de un tren.

La única voz disidente fue, nuevamente, la del Juez John Marshall Harlan. Él arguyó: "La separación arbitraria de ciudadanos en función de su raza, mientras se encuentran en un medio de transporte público, es como una señal de servidumbre, absolutamente inconsistente con la libertad civil e igualdad ante la ley establecida en la Constitución. No existe fundamento legal para justificarla".[66]

"Separados pero iguales" puede haber sonado como algo bueno y razonable en la teoría: los negros tendrían los mismos derechos y privilegios que los blancos, pero ambos grupos de personas no se mezclarían. En la práctica, lo que la doctrina hacía era separar a los negros de los blancos, sin hacer nada por la igualdad. La segregación se convirtió en moneda corriente en hoteles, restaurantes, teatros, e incluso escuelas. La forma de trabajar, basada en la doctrina "separados pero iguales" continuó hasta el caso *Brown v. Board of Education*

65 Ibid.

66 "Plessy v. Ferguson," History.com, https://www.history.com/topics/black-history/plessy-v-ferguson.

(Brown contra la Junta de Educación) resuelto por la Corte Suprema en el año 1954. En esta ocasión, finalmente, los Jueces se mostraron de acuerdo con la opinión minoritaria de Harlan en el caso *Plessy v. Ferguson.*

En la práctica, la doctrina de "separados pero iguales" sirvió para separar a los negros de los blancos, pero nunca aportó para lograr la igualdad

Plessy intentó brindar un gran servicio a la comunidad afroamericana porque se sentía conectado con ellos, aunque le hubiera sido mucho más fácil vivir una vida de privilegio pasando como blanco, ya que su color de piel se lo permitía. Sin embargo, él estaba comprometido con la búsqueda de la justicia.

EL "COMPROMISO DE ATLANTA" (1895)

Booker T. Washington fue el vocero más influyente de los afroamericanos entre el año 1895 y el año de su deceso, 1915. Si bien había nacido en esclavitud, su compromiso con la educación después de la emancipación permitió que tuviera a su cargo supervisar la escuela que luego llegaría a ser la Universidad Tuskegee. Al ver las dificultades que estaban teniendo que soportar los afroamericanos, y a pesar de las prometedoras mejoras que se habían visto durante la Reconstrucción, Washington entendía que su gente estaba tratando de alcanzar demasiados cambios, demasiado rápido.

En un discurso histórico que fue conocido como el Compromiso de Atlanta, Washington remarcó que la gente de color representaba un tercio de la población del Sur, siendo la mayoría de ellos trabajadores pobres y analfabetos que nunca llegarían a ser políticos de alto nivel ni personajes destacados en la

En lugar de luchar por la igualdad racial, Booker T. Washington animó a los afroamericanos a que se educaran y aprendieran oficios que les permitieran vivir dignamente.

sociedad. En lugar de impulsarlos a seguir luchando tan esforzadamente por los derechos civiles y la igualdad social, los instó a dedicarse al trabajo productivo en la agricultura, la mecánica, el comercio, el servicio doméstico y profesiones similares. A continuación, presento algunos puntos destacados de su discurso:[67]

» "Ninguna raza puede prosperar hasta que aprenda que hay tanta dignidad en arar un campo como en escribir un poema. Se comienza desde abajo, no desde arriba. Tampoco debemos permitir que nuestro dolor nos impida ver nuestras oportunidades".

» "En todo lo puramente social podemos estar tan separados como los dedos, sin embargo en todo lo esencial para el progreso mutuo debemos estar tan unidos como la mano".

67 Louis R. Harlan, ed., *The Booker T. Washington Papers*, Vol. 3 (Urbana: University of Illinois Press, 1974), pp. 583-587, citado en "Booker T. Washington Delivers the 1895 Atlanta Compromise Speech"['Booker T. Washington da el discurso del Compromiso de Atlanta de 1895'] History Matters, http://historymatters.gmu.edu/d/39/.

» "En este momento es mucho más valiosa la posibilidad de ganar un dólar en una fábrica que la oportunidad de gastar un dólar en una ópera".

El acuerdo que proponía Washington, implicaba que el Sur dominado por los blancos permitiera a los negros educarse y aprender oficios que les permitieran ganar lo suficiente para una vida decente. Con el tiempo, se ganarían la aceptación de la comunidad blanca y, eventualmente, alcanzarían la igualdad. Mientras tanto, dejarían de exigir tener los mismos privilegios que tenían los blancos, aunque eso implicara tolerar los prejuicios y la discriminación.

El discurso de Washington fue bien recibido tanto por los blancos del Norte como por los del Sur, como también por muchos afroamericanos, pero no tanto por los negros educados.

Movimiento Niágara

EL MOVIMIENTO NIÁGARA (1905) Y LA NAACP (1909)

Uno de los mayores críticos de Booker T. Washington fue W.E.B. DuBois, un reconocido historiador negro y líder de protestas que no apreciaba la filosofía "acomodaticia" de Washington. Su respuesta a la propuesta de Washington se encuentra en un libro publicado en 1903:

> Hay quienes han dicho que los negros sólo pueden sobrevivir en sumisión. Puntualmente, el señor Washington le pide a los negros que renuncien, por lo menos por el momento, a tres cosas:
> En primer lugar, al poder político;
> En segundo lugar, a la insistencia en los derechos civiles;
> En tercer lugar, a la educación superior para los jóvenes negros–y concentren todas sus energías en la educación industrial, la acumulación de riqueza y la

conciliación del Sur. Esta política ha sido insistentemente promovida por más de quince años, y ha triunfado durante aproximadamente diez años. ¿Cuál fue el resultado de esta postura conciliadora? En estos años hemos visto:

1) La privación de los derechos de los negros.
2) La creación de un estatus de inferioridad civil para los negros.
3) El constante retiro de fondos de asistencia a las instituciones para la educación superior de los negros.

Estos movimientos no son resultados directos de las enseñanzas del señor Washington; pero su propaganda, claramente ha ayudado a que este proceso ocurriera más rápidamente.[68]

Ida Wells-Barett

W. E. B. Du Bois

Henry Moscowitz

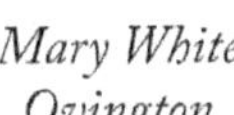

Mary White Ovington

Oswald Garrison Villiard

William English Walling

DuBois estaba más convencido que nunca de que la estrategia de Washington no haría más que solidificar las condiciones opresivas bajo las cuales vivían los negros. Estaba convencido de que la única manera de lograr cambios era la protesta y la resistencia activa. Sus convicciones los llevaron a establecer el Movimiento Niágara. Dubois y un pequeño grupo de afroamericanos que pensaba como él se reunieron en las Cataratas del Niágara para compartir

68 W. E. Burghardt DuBois, *The Souls of Black Folk* ['Las Almas del folclore negro'] (Chicago, 1903), citado en "W.E.B. DeBois Critiques Booker T. Washington" ['W.E.B. DeBois critica a Booker T. Washington'] History Matters, http://historymatters.gmu.edu/d/40.

ideas. (Tuvieron que reunirse del lado canadiense dado que ningún hotel del lado estadounidense los quería recibir).

El grupo compiló un listado de reclamos, que incluía el fin de la segregación, igualdad de oportunidades en lo referido al progreso educativo y económico, y que se acabara con la discriminación en las cortes y los ámbitos públicos. Como no tenían ninguna autoridad para imponer ninguno de sus deseos, su efecto en la legislación fue prácticamente poco significativo.

Sin embargo, cuatro años más tarde, algunas protestas raciales en Illinois llamaron la atención de algunos progresistas blancos destacados, entre quienes se encontraban Jane Addams y John Dewey. En consecuencia, fundaron el National Association for the Advancement of Colored People (NAACP) [Asociación Nacional para el Progreso de la Gente de Color], y tomaron muchos de los objetivos del Movimiento Niágara como propios. Incluso contrataron a W.E.B. DuBois para que dirigiera la publicidad y la investigación, y para que fuera el editor del diario de la NAACP.[69] Desde el principio, la NAACP fue una mezcla de negros y blancos que trabajaban en conjunto para resolver cuestiones que hacían al progreso de la gente de color.

A los líderes afroamericanos les costó pergeñar una estrategia para sostener la igualdad entre negros y blancos, a medida que veían que su libertad se iba restringiendo rápidamente. Pero lo cierto es que no se lograron encontrar soluciones razonables porque la actitud de la gente del Sur para con la gente de color no era razonable. El compromiso propuesto por Booker T. Washington no era la solución. El plan de resistencia propuesto por W.E.B. DuBois era inaplicable. Parecía que no había manera de frenar el regreso de la opresión que tanto les había costado superar. Para complicar aún más las cosas, los eventos que se desencadenaron a principios del siglo XX, los derribarían económica y socialmente. Las vidas de los negros americanos – sobre todo los que habitaban en el Sur– empeorarían mucho antes de mejorar.

¿Por qué seguimos confundidos sobre la raza? Como hemos visto, una solución equitativa a un problema requiere mucho esfuerzo de todas las partes involucradas. En lo que hace a la cuestión racial en los Estados Unidos, este enfoque nunca ha sido utilizado. Un grupo ofrece un compromiso, el otro exige una concesión. Un grupo exige justicia, pero no tiene

69 "Niagara Movement" ['Movimiento Niágara'] History.com, https://www.history.com/topics/black-history/niagara- movement.

el poder para hacerla cumplir; el otro ignora el problema, no mostrando empatía ni misericordia. Hasta que las dos partes se pongan de acuerdo en trabajar unidas en la resolución de la raíz de los problemas raciales, los conflictos seguirán presentes.

7

Separación Institucionalizada (Historia: 1910-1950)

La Era de la Reconstrucción parecía que sería un punto de inflexión en lo referente al estatus y al tratamiento de la gente negra en los Estados Unidos. Finalmente, los afroamericanos tenían el derecho constitucional de pedir la ciudadanía, votar y comprar y vender propiedades. Quienes habían sido esclavos, habían incluso asumido roles de liderazgo y habían demostrado tener mentes de las más destacadas de la época. Pero, tan pronto como las tropas federales protectoras fueron retiradas del Sur, la cantidad de antagonistas blancos fue muy difícil de superar. Los derechos constitucionales fueron minados por los códigos negros locales cuyo cumplimiento era impuesto no sólo por los oficiales de la ley, sino también por la actividad insidiosa y encubierta del Ku Klux Klan.

En este capítulo presentaré varios ejemplos que demostrarán los dos métodos principales utilizados por las multitudes racistas para impedir que los afroamericanos lograran algo que siquiera se pareciese a la igualdad con los blancos: el temor y la discriminación económica.

NACIMIENTO DE UNA NACIÓN

En 1915, se estrenó una película llamada *"El nacimiento de una Nación"*. Ha sido aclamada como una gran obra que innovó en la forma de hacer cine, pero también es reconocida como una de las películas más ofensivas que se hayan hecho. Basada en el libro titulado *The Clansman (El miembro del Clan)*, la película presentaba una visión absolutamente parcial y retorcida de la Era de la Reconstrucción, después de la Guerra Civil. Los esclavos liberados eran presentados como personas inútiles, que sólo podían efectuar tareas como sirvientes, y que eran manipuladas por los radicales republicanos para intimidar a los blancos del Sur. Algunas escenas mostraban a hombres negros corriendo como animales y violando a mujeres blancas.

En contrapartida, los miembros del Ku Klux Klan eran mostrados como héroes que luchaban, no sólo contra sus supervisores del Norte sino también contra los negros del Sur que amenazaban su manera de vivir, los inmigrantes, los judíos y los católicos romanos. Un crítico de cine del diario *The New Yorker* describió el "contenido repugnante" de la película y cómo demostró ser "horrorosamente efectivo en generar violencia hacia los negros en muchas ciudades". Sin embargo, dijo tener que admitir que "lo peor de todo era lo buena que era como película". [70] El filme siguió generando controversia a lo largo del siglo XX. La NAACP realizó protestas frente a los cines e intentó impedir que la película fuera exhibida. El Ku Klux Klan, por su parte, la utilizó para reclutar miembros. En la década de 1920, el Klan tenía más de cuatro millones de miembros en todo el país.[71]

Las graves tergiversaciones que presentaba la película –tanto de la depravación de los negros como del heroísmo de los miembros del KKK– puede haber sido el motor de buena parte del odio hacia la gente de color que predominaba en el Sur el siglo XX.

LINCHAMIENTOS

El linchamiento implica tomar la justicia en mano propia y condenar –en general a muerte– a alguien sin ofrecer el beneficio de la duda. El linchamiento, en general, era perpetrado por una turba revoltosa que imponía una tortura sádica. Muchas veces, las "ofensas" del acusado eran inventadas y la persona no tenía la oportunidad de presentar una defensa.

Los linchamientos ocurrían desde la época colonial; dieciocho esclavos negros que habían planificado un escape fueron maniatados, quemados y quebrantados en la rueda en la ciudad de Nueva York en 1712. Pero los linchamientos llegaron a ser mucho más públicos y frecuentes a principios de 1877,

70 Richard Brody, "The Worst Thing about 'Birth of a Nation' Is How Good It Is" ["Lo peor de 'Nacimiento de una nación' es lo buena que es"] *The New Yorker*, Feb. 1, 2013, https://www.newyorker.com/culture/richard-brody/the-worst-thing-about- birth-of-a-nation-is-how-good-it-is.

71 "Ku Klux Klan," History.com, https://www.history.com/topics/reconstruction/ku-klux-klan.

después del Compromiso entre Tilden y Hayes que puso fin a la Reconstrucción del Sur. Los linchamientos nada tenían que ver con la justicia. La mayoría de los historiadores coinciden en que eran más bien un medio de control social y racial que pretendía someter, mediante el terror, a los negros para que aceptaran un estatus de inferioridad.[72]

La gente de color tenía pocos recursos cuando eran confrontados por una turba que pretendía lincharlos. No era necesario que los cargos fueran ciertos. La representación legal casi nunca era una opción. Cuando comenzaba a correr la voz acerca de un linchamiento, muchas veces los oficiales dejaban la celda de la víctima sin guardia y a disposición de la turba, y, a veces, ellos mismos participaban del linchamiento. Los métodos de asesinato eran horribles. El más usual era el ahorcamiento, pero a veces los cuerpos también eran mutilados y quemados.

W.E.B. DuBois escribió, en su biografía, acerca de muchos detalles horrorosos de los linchamientos:

> En sus escritos autobiográficos, DuBois subraya un espantoso incidente que lo estremeció en esta época –el linchamiento de Sam Hose en Abril de 1899. Hose era un granjero de Palmetto, Georgia, a unas pocas millas de Atlanta, que había asesinado de un disparo a un granjero blanco, luego de una discusión por una deuda. Algunos dicen que mientras el cuerpo del granjero yacía inerte en el piso de la cocina, Hose violó a su esposa. La justicia fue sumaria y macabra. Después de haber linchado y quemado a Hose, la multitud de unos dos mil hombres, mujeres y niños blancos, se puso a pelear por pedazos de su cuerpo como recuerdo.[73]

DuBois continuó con su descripción, mencionando cómo los nudillos de la víctima eran exhibidos en un comercio local y que el gobernador del estado recibió como regalo una parte de su corazón y otra de su hígado.

Una particularidad estremecedora de los linchamientos era el hecho de que no hubiera ninguna señal de indignación pública ante semejantes atrocidades. Un periódico de Carolina del Norte escribió: "Familias enteras se reunían;

---

72 Jamiles Lartey and Sam Morris, "How White Americans Used Lynchings to Terrorize and Control Black People" ['Cómo los blancos americanos usaron los linchamientos para aterrorizar y controlar a la gente de color'] *The Guardian*, Abril 26, 2018, https://www.theguardian.com/us- news/2018/apr/26/lynchings-memorial-us-south-montgomery-alabama.

73 David Levering Lewis, *W.E.B. Du Bois: A Biography* ['W.E.B. DuBois: una biografía'] (New York: Henry Holt and Company, 2009), p. 162.

madres y padres incluso traían a sus hijos más pequeños. Era el espectáculo en esas zonas campestres –un espectáculo muy convocante. Los hombres reían a carcajadas al ver el cuerpo sangrando… las niñas reían tímidamente al ver las moscas sobre la sangre que chorreaba de la nariz del negro". Un periódico de Missouri indicó que entre 2000 y 4000 personas asistieron a un linchamiento, de los cuales, por lo menos un cuarto eran mujeres y cientos eran niños. Una mujer levanto en brazos a su pequeña hija para que pudiera ver mejor el cuerpo desnudo del negro que estaba siendo quemado sobre el tejado".[74]

Las mujeres no se salvaban de las turbas linchadoras. En el año 1918, en Georgia, un granjero blanco llamado Hampton Smith fue asesinado. Smith tenía el hábito de pagar la fianza para sacar de prisión a algunos negros que habían sido acusados de delitos menores, y a llevarlos a su granja a trabajar para repagar su deuda. Era conocido por ser un empleador abusivo, lo cual generó una discusión con un trabajador llamado Sidney Johnson, quien acabó matándolo. Johnson confesó el asesinato, pero murió a manos de la policía en un tiroteo. Aunque tenía una confesión, la comunidad blanca decidió levantar un cargo por conspiración contra otros trabajadores de la granja a quienes se asociaba con Smith. Por lo menos siete de ellos fueron linchados. Una de las víctimas fue un hombre llamado Hayes Turner.

Al día siguiente, la esposa de Turner, Mary, en medio de su dolor, amenazó con iniciar acciones legales. La amenaza era vacua porque los negros no tenían voz en ese tiempo en el sistema legal imperante en el Sur. Pero la sola amenaza resultó suficiente para alterar a la comunidad blanca. Una turba la tomó, la ató y la colgó de sus pies de un árbol. Le echaron gasolina encima y quemaron su ropa. Mary estaba embarazada de ocho meses. Con un cuchillo de carnicero le extrajeron el bebé del cuerpo. Hay reportes que dicen que, cuando el bebé cayó al suelo, parte de la multitud lo pisoteó. Finalmente, se aseguraron de que Mary estuviera muerta disparándole incontables veces. Todo esto por atreverse a hablar en contra del linchamiento sufrido por su esposo.[75]

---

74 Jamiles Lartey and Sam Morris, "How White Americans Used Lynchings to Terrorize and Control Black People" ['Cómo los blancos americanos usaron los linchamientos para aterrorizar y controlar a la gente de color'] *The Guardian*, Abril 26, 2018, https://www.theguardian.com/us- news/2018/apr/26/lynchings-memorial-us-south-montgomery-alabama.

75 "Mary Turner, Pregnant, Lynched in Georgia for Publicly Criticizing Husband's Lynching" ['Mary Turner, embarazada, fue linchada en Georgia por criticar públicamente el linchamiento de su esposo'] Equal Justice Initiative, https://calendar.eji.org/racial-injustice/may/19.

Así como los negros solían ser linchados sin justa causa, los blancos, a veces eran linchados simplemente por defender a una víctima negra. Un ejemplo destacado ocurrió en Omaha, durante la protesta racial de 1919. La tensión racial en el país era alta. Para el año 1916, cincuenta y cuatro negros habían sido linchados en los Estados Unidos. En muchas ciudades, como Omaha, los políticos habían establecido fortalezas, exagerando la amenaza que los negros representaban, basándose en lo que mostraba la película *Birth of a Nation [Nacimiento de una Nación]* –donde los hombres negros agredían a las mujeres blancas. Este temor que se había esparcido, no sólo mantuvo a los líderes blancos agresivos en el poder, sino que también sirvió para legitimar muchos linchamientos de negros relacionados con cuestiones sexuales. Omaha tenía un líder político muy fuerte llamado Tom Dennison, pero en las elecciones se había consagrado un alcalde blanco que promovía algunas reformas, llamado Edward P. Smith.

El catalizador del conflicto en Omaha fue la acusación por parte de una pareja blanca de haber sido atacados. Milton Hoffman dijo haber sido asaltado y que Agnes Loeback, de diecinueve años, había sido violada. Al día siguiente, el titular del periódico decía que una "bestia negra" había violado a la niña blanca. Mientras tanto, el hermano de Agnes había organizado un grupo de cuatrocientos hombres armados (incluidos muchos trabajadores del ferrocarril que conocían a Agnes) que buscaría al atacante. Cuando un vecino dijo haber visto a un "negro sospechoso", fue todo lo que necesitaban oír. Will Brown fue acusado de haber violado a una mujer blanca y no tuvo oportunidad de defenderse del cargo. [76]

Al día siguiente, una multitud comenzó a congregarse alrededor del juzgado del condado de Douglas, donde Brown se encontraba detenido. A medida que avanzaba el día, entre 5000 y 15000 personas se reunieron. A las 8 de la noche, comenzaron a disparar contra el juzgado desde los comercios cercanos que ya habían sido saqueados por la multitud. Dos personas murieron a causa de la violencia desatada. A las 8:30 p.m. rompieron las ventanas de los pisos

76 "Lest we Forget: The Lynching of Will Brown, Omaha´s 1919 Race Riot" ['No lo olvidemos: El linchamiento de Will Brown, Protesta Racial de Omaha de 1919 '] History Nebraska Blog, Accessed Nov. 17, 2020 https://history.nebraska.gov/blog/lest-we-forget-lynching-will- brown-omaha%E2%80%99s-1919-race-riot.

inferiores, prendieron fuego al edificio e impidieron que los bomberos ingresaran a apagar las llamas.[77] Un testigo ocular del hecho relata lo siguiente:

> El alcalde Ed Smith salió por las puertas del Este sobre la calle 17 a enfrentar a la turba, pidiéndoles que permitieran que la justicia hiciera su trabajo. Su pedido no fue oído. Fue golpeado con una pelota de béisbol o algún otro objeto contundente (más adelante Leonard Weber dijo haber golpeado al alcalde en la cabeza con un arma), y recibió varios golpes más. "No, no entregaré al hombre", dijo Smith. "Haré cumplir la ley aunque me cueste la vida". La multitud tomó en sentido literal sus palabras y comenzó a gritar: "cuélguenlo" y "átenlo". El mayor, con una soga atada a su cuello, fue arrastrado por la calle Harney hacia la torre de señalización de tráfico en la calle Dieciséis. La soga había sido arrojada por sobre la barra y ajustada al cuello de Smith cuando Russell Norgaard salvó la vida del alcalde y le quitó la soga del cuello. (Emmett C. Hoctor escribe en una carta que un testigo que pidió mantener el anonimato, identificó a su tío James P. Hoctor, como el hombre que quitó la soga del cuello de Smith).[78]

El alcalde de Omaha, Ed Smith, apenas salvó su vida cuando se rehusó a entregar a Will Brown a la turba linchadora.

A pesar de los esfuerzos del alcalde Smith, la multitud enardecida finalmente llegó hasta Will Brown. Fue golpeado hasta quedar inconsciente, arrastrado hasta un poste de luz cercano, colgado, acribillado a balazos, atado al paragolpes trasero de un automóvil, arrastrado hacia otra intersección donde bañaron su cuerpo con kerosén y le prendieron fuego, para luego continuar arrastrándolo por las calles de Omaha.[79]

De todas las facetas horribles y perversas que rodearon este suceso, tal vez la peor es que existe la posibilidad de que la motivación del linchamiento tuviera más que ver con el oportunismo político que con un genuino odio

77 "A Horrible Lynching," ['Un linchamiento horrible'] net: Nebraska's PBS & NPR Stations, Accessed Nov. 17, 2020 http://www.nebraskastudies.org/en/1900-1924/racial-tensions/a-horrible-lynching/.

78 Carta a Emmett C. Hoctor de un anónimo, Omaha, Nebraska, Mayo 25, 1919. Copia en poder de Orville D. Menard. https://history.nebraska.gov/sites/history.nebraska.gov/files/ doc/publications/ NH2010Lynching.pdf .

79 "A Horrible Lynching ..."

racial. Según un reporte, "El jefe político Tom Dennison y sus aliados pueden haber impulsado el linchamiento para desacreditar al alcalde Edward P. Smith, quien estaba promoviendo reformas. Brown puede haber sido víctima de una maniobra política para restablecer a los gobernantes de la ciudad que habían perdido las elecciones de 1918. La muerte de Brown ofreció la oportunidad justa para asestar un golpe al alcalde Ed Smith. La maquinaria de Dennison ganó la elección siguiente".[80]

Los presentes sonríen mientras el cuerpo de Will Brown es quemado durante su linchamiento, el 28 de septiembre de 1919 en Omaha, Nebraska.

Es angustiante tener que describir con tanto detalle lo que ocurría en esa etapa de la historia de los Estados Unidos, pero si minimizamos o pasamos por alto la absurda violencia, nos arriesgamos a no entender su importancia. Por otra parte, quiero enfatizar que mientras los linchamientos se habían vuelto una práctica común para muchos blancos, era considerada repulsiva por muchos otros blancos. El alcalde Smith fue nada más que un ejemplo de esto.

80 "Lest We Forget: ..."

Al recordar a las personas de raza negra que fueron abusadas y asesinadas injustamente a causa de su esfuerzo por establecer una mayor igualdad entre las razas, debemos también reconocer a los blancos que sufrieron y murieron por la misma causa. Al continuar nuestra revisión de la historia, veremos algunos casos más.

Los linchamientos continuaron ocurriendo durante décadas, hasta bien entrada la década de 1960. Algunos consideran que si tomamos la definición de linchamiento en sentido literal, el término aplica a la muerte de George Floyd en Minneapolis, el 25 de mayo de 2020. En este hecho se dieron las siguientes condiciones: (1) había una aglomeración de gente, incluidos oficiales de policía; (2) a Floyd no se le garantizó un proceso judicial justo; y (3) acabó muerto.

No es sorprendente que las comunidades negras todavía sospechen de los miembros de las fuerzas de seguridad porque, históricamente, la ley ha sido utilizada para imponer la segregación. Este tipo de sospechas son entendibles, sobre todo cuando uno tiene en cuenta la estadísticas que revelan que los negros siguen siendo detenidos para ser controlados e inspeccionados mucho más frecuentemente que los blancos. Los encuentros con la policía les pueden generar pánico y temor. Sin embargo, quisiera recordar que muchos oficiales blancos ponen su vida en riesgo, a diario, en favor de la gente de color. Muchas veces son heridos o muertos por su compromiso para servir y proteger a *todas* las comunidades –blancas y negras. Que Dios nos permita comenzar a ver más allá del color de piel de una persona, e intensificar nuestros esfuerzos por vivir como una sola raza–la raza humana.

Los archivos del Instituto Tuskegee registran 4743 personas que han sido asesinadas por turbas en linchamientos entre los años 1881 y 1968. Casi tres cuartos de esas personas eran de color. [81] Muchos otros eran de otras nacionalidades o culturas no caucásicas. La mayoría de los estados registran linchamientos en algún momento de su historia, y se cree que el número registrado es muy inferior al real. Estos hechos eran mucho más comunes en el Sur, pero la iniciativa Equal Justice Initiative (EJI) recientemente documentó numerosos hechos de violencia similares en Illinois, Indiana, Kansas, Maryland, Missouri, Ohio, Oklahoma y West Virginia. Luego de una investigación meticulosa que

81 Lartay and Morris, "How White Americans ..."

tomó más de seis años, el EJI concluye respecto de los linchamientos en los Estados Unidos:

> El linchamiento en los Estados Unidos fue una forma de terrorismo que contribuyó al legado de desigualdad racial que nuestra nación debe abordar de forma más directa y concreta que lo que se ha hecho hasta hoy. El trauma y la angustia que los linchamientos y la violencia racial han causado en este país siguen presentes y contaminan las relaciones raciales y nuestro sistema de justicia criminal en muchos lugares a lo largo y ancho del país. Hay mucho trabajo por hacer para poder hablar con verdad acerca de esta difícil historia, a fin de poder lograr una reconciliación. Podemos abordar este doloroso pasado reconociéndolo y creando monumentos diseñados para iniciar conversaciones relevantes. La educación debe estar acompañada de actos de reconciliación, que resultan necesarios para crear comunidades que puedan superar el legado de los actos de violencia e injusticia racial.[82]

MASACRE RACIAL DE TULSA EN 1921

La violencia basada en prejuicios no se limitaba a los linchamientos, ni tampoco era patrimonio único del Sureste. Hubo una historia de éxito de esclavos liberados durante la Reconstrucción que ocurrió en Tulsa, Oklahoma, pero que fue seguida por una de las masacres más crueles de la historia de nuestra nación.

Después de la Guerra Civil, Oklahoma llegó a ser un lugar más seguro para los afroamericanos que sus propias antiguas casas en el Sureste. Para el año 1920, se habían fundado más de cincuenta ciudades de negros en el Estado. Algunos Nativos Americanos que habían sido obligados a mudarse a Oklahoma habían tenido esclavos, los cuales permanecieron en esta área y continuaron viviendo en la reserva. Muchos otros aparceros se instalaron allí para huir de la opresión racial de los estados del Sur.

Un hombre negro adinerado, llamado O.W. Gurley compró cuarenta acres de tierra en Tulsa con la "visión de crear algo hecho por gente de color, para gente de color". Gurley creó una pensión que recibía afroamericanos y ofrecía préstamos a los negros que quisieran comenzar un negocio. Se comenzó a formar una comunidad que se llamó Greenwood, haciendo referencia a una ciudad en Mississippi. Tulsa era una ciudad estrictamente segregada, por lo cual los afroamericanos se agruparon en Greenwood. Un editor creó un

82 "Lynching in America: Confronting the Legacy of Racial Terror" ['Linchamientos en América: confrontando el legado del terror racial'] Equal Justice Initiative, 2017, https://lynchinginamerica.eji.org/report/.

periódico para negros que mantenía a la comunidad informada acerca de sus derechos y oportunidades. Un abogado se mudó allí y creó un hotel de lujo –el mayor hotel de propiedad negra del país.

A medida que se corría la voz, Greenwood llegó a ser una comunidad autosustentable con sus propios negocios, restaurantes, cines, tiendas de alimentos, clubes nocturnos, barberías y salones de peluquería. Tenía su propio sistema escolar, una oficina postal, una biblioteca, un hospital, servicio de transporte público y un sistema de ahorros y préstamos. Habían llegado doctores, dentistas y abogados a montar sus oficinas y consultorios. Era una comunidad mixta en el aspecto económico. Muchos ganaban su dinero trabajando fuera de Greenwood, ya sea limpiando casas, como conserjes, u otros trabajos de bajo nivel. Otros, vivían en grandes casas con mobiliario fino, vajilla de porcelana, vasos de cristal, etc.

Sin embargo, el éxito, visibilidad y estabilidad económica logrado por Greenwood despertó los celos y el resentimiento en la racista Oklahoma. En 1919, a lo largo del país, ocurrieron numerosos hechos de manifestaciones contra los negros y linchamientos, incluido uno en Tulsa. El periódico negro había animado a los residentes de Greenwood a armarse y tomar posiciones alrededor de los calabozos y juzgados de negros para asegurar que sus sentencias no fueran adelantadas por turbas linchadoras.[83]

Pero la tensión racial no cedió. Dos años más tarde, Tulsa fue escenario de una de las grescas raciales más terribles de la historia. La Sociedad Histórica de Tulsa narra los eventos:

> Después de la Primera Guerra Mundial, Tulsa fue reconocida a nivel nacional por su próspera comunidad afroamericana, conocida como el Distrito Greenwood. Este distrito de negocios pujante y el área residencial circundante era conocida como "la calle del muro negro". En Junio de 1921 se sucedieron una serie de eventos que destruyeron por completo el área de Greenwood.
>
> En la mañana del 30 de mayo de 1921, un joven negro llamado Dick Rowland estaba en el ascensor del edificio Drexel, ubicado en la intersección de la calle Tercera y la Principal (Third and Main St), junto a una mujer blanca llamada Sarah Page. Los detalles de lo ocurrido a continuación varían según la persona que cuente la historia. Rumores de un incidente corrieron por la comunidad

83 Alexis Clark, "Tulsa's 'Black Wall Street' Flourished as a Self-Contained Hub in Early 1900s" ['La "Wall Street Negra" de Fulsa floreció como un nodo autocontenido a principios de 1900'] History.com, Enero 2, 2020, https://www.history.com/news/black-wall-street-tulsa-race- massacre.

blanca ese día, y cada persona que hacía correr el rumor agravaba lo ocurrido. La policía de Tulsa arrestó a Rowland el día siguiente y comenzó la investigación. Un reporte provocador en la edición del día 31 de mayo del periódico de Tulsa (Tulsa *Tribune*) incitó a una confrontación armada entre grupos de blancos y negros en torno al juzgado donde el sheriff y sus hombres habían creado barricadas en el piso superior para proteger a Rowland. Los disparos comenzaron y los afroamericanos, superados en número, comenzaron la retirada hacia el Distrito Greenwood.

En las primeras horas del 1 de junio de 1921, Greenwood fue saqueada e incendiada por alborotadores blancos. El gobernador Robertson decretó la ley marcial y la Guardia Nacional llegó a Tulsa. Miembros de la Guardia ayudaron a los bomberos a extinguir los incendios y tomaron a todos los negros de Tulsa para encarcelarlos. Más de 6000 personas fueron detenidas en el Convention Hall y los salones para ferias. Algunos estuvieron detenidos hasta ocho días.

La violencia cesó a las veinticuatro horas de comenzada. Como resultado 35 manzanas de la ciudad estaban en ruinas, más de 800 personas fueron tratadas por heridas y, por lo menos 36 personas resultaron muertas según registros de la época. En la actualidad, los historiadores creen que el número de muertos en realidad era más cercano a los 300.[84]

Walter White, secretario adjunto de la NAACP fue a Tulsa a ver las consecuencias del disturbio y describió lo que vio en un artículo de una revista. Extractos de ese artículo fueron utilizados en la introducción de un libro que trata acerca de la masacre. Él explica que, desde un comienzo, Tulsa se encontraba en una situación límite:

> ¿Cuáles son las causas del disturbio racial que ocurrió en este lugar? En primer lugar, en Oklahoma, los negros han sido parte de la repentina prosperidad que alcanzó a muchos hermanos blancos, llegando a haber algunos hombres de color muy adinerados. Este hecho generó un amargo resentimiento en los blancos más pobres, porque sentían que esta gente de color, miembros de una "raza inferior" eran demasiado presuntuosos al alcanzar mayor prosperidad económica que ellos mismos, que eran miembros de una raza superior por mandato divino...
>
> Una de las acusaciones que se hacen contra los hombres de color en Tulsa es que eran "radicales". Al interrogar a los blancos más de cerca sobre la naturaleza de este radicalismo, descubrí que significa que los negros denunciaban

84 "1921 Tulsa Race Massacre" ['La Masacre Racial de Tulsa en 1921'] Tulsa Historical Society and Museum, https://www.tulsahistory.org/exhibit/1921-tulsa-race-massacre/#flexible-content.

> intransigentemente las leyes de vagones de "Jim-Crow" [ferrocarril], los linchamientos, la esclavitud; en resumen, pedían que las garantías constitucionales federales de "vida, libertad y búsqueda de la felicidad" se dieran independientemente del color de su piel...
>
> Una tercera causa fue la situación política en Tulsa. Una mafia estaba al control de la ciudad, y permitía el funcionamiento de lugares de mala fama, lugares de apuestas clandestinas, venta ilegal de whisky, robo de bancos y comercios, con bajísimas probabilidades de que los criminales fueran arrestados y mucho menos, condenados...

En el artículo, White describe a Sarah Page como una "jovencita blanca histérica". Al respecto de los cargos contra Dick Rowland, agregó:

> Se descubrió más tarde que el joven había pisado sin querer el pie de Page. Parece que a ningún ciudadano de Tulsa se le ocurrió que ninguna persona que pretendiera atacar o violar a una mujer, escogería hacerlo en un elevador, en un edificio público con cientos de personas alrededor que podían oir cualquier grito o pedido de ayuda.[85]

La Sociedad Histórica de Tulsa lo resume así:

> Para tratar de entender la Masacre Racial de Tulsa es importante comprender las complejidades de la época. Dick Rowland, Sarah Page y un francotirador desconocido fueron las chispas que encendieron un fuego que se venía preparando hacía tiempo. Jim Crow, los celos, la supremacía blanca y la ambición por las tierras, jugaron un rol en preparar el escenario para la destrucción y la pérdida de vidas ocurrida el 31 de mayo y 1 de Junio de 1921.[86]

La raza es una temática que debemos abordar con dignidad. Espero que a esta altura puedas ver por qué necesitamos comprender la raíz histórica del aspecto racial. No podemos directamente comenzar con la pregunta: "¿Cómo lo resolvemos?" Primero debemos abordar la pregunta más profunda que es: "¿Cómo llegamos hasta aquí?" Si queremos erradicar el problema, la clave es lograr diagnosticar el problema. Lo primero que debemos hacer es realmente entender la patología de esta enfermedad; es por eso que hemos invertido este tiempo en ver la historia y la trayectoria de lo que ocurrió con la esclavitd y las constantes injusticias contra la gente de color.

---

85 Walter White, "The Eruption of Tulsa" ['La erupción de Tulsa'] *Nation*, Junio 29, 1921, cited in Introduction of Hannibal B. Johnson, *Black Wall Street 100* (Fort Worth: Eakin Press, 2020).

86 "1921 Tulsa Race Massacre," Ibid.

INEQUIDAD ECONÓMICA

Ya hemos visto algunas de las terribles consecuencias de los prejuicios manifestados por individuos, grupos de individuos e incluso gobiernos locales y estatales. Durante la primera mitad del siglo XX, mientras los grupos supremacistas de blancos utilizaban la violencia para perseguir a los afroamericanos a lo largo de la nación, el gobierno federal se encargaba de complicar la vida de los negros a través de la opresión financiera.

En 1934, la Administración Federal de Vivienda (FHA: Federal Housing Administration) y el Departamento de Asuntos de Veteranos (VA: Department of Veterans Affairs) estuvieron muy involucrados en la segregación de comunidades. Utilizaron un método que fue llamado *redlining*, haciendo alusión a las líneas de color rojo utilizadas por los prestamistas, para indicar en el mapa, las zonas de una ciudad consideradas de alto riesgo de incumplimiento. Las áreas marcadas en rojo eran predominantemente negras y latinas. Fue el propio gobierno federal, el que creó, con la colaboración de agentes inmobiliarios locales, estos mapas en las ciudades con más de 40.000 habitantes–especialmente en ciudades con una gran proporción de minorías, lo cual incluía a Chicago, Detroit, Tampa y Atlanta.

El resultado fue que los constructores no construían casas en las comunidades negras porque el gobierno federal no otorgaba créditos para construcciones en esas zonas. Los bancos e instituciones financieras rechazaban los préstamos sólo por una cuestión de raza o por la ubicación de su vivienda, aunque tuvieran un excelente historial y perfil crediticio.[87]

Después de la Segunda Guerra Mundial, el Departamento de Asuntos de Veteranos adoptó políticas similares. El mercado inmobiliario estaba inundado de casas en determinados vecindarios, disponibles para ser comprados con un pequeño anticipo y tasas de interés bajas de hasta el 3%, pero los afroamericanos no podían acceder a estas posibilidades. Si un afroamericano quisiera vivir en ese vecindario, debía pagar un anticipo de aproximadamente un 20% del valor de la vivienda. Es decir, aunque un negro estuviera ganando el mismo dinero que un blanco, seguía sin tener los mismos privilegios. Aunque la práctica del *redlining* fue prohibida en la Ley de Vivienda Justa de 1968 y la

87 Khristopher J. Brooks, "Redlining's Legacy: Maps Are Gone, but the Problem Hasn't Disappeared" ['El legado del *redlining:* los mapas ya no existen pero el problema no ha desaparecido'] CBS News, Junio 12, 2020, https://www.cbsnews.com/news/redlining-what-is- history-mike-bloomberg-comments/.

Ley de Reinversión Comunitaria de 1977, las consecuencias discriminatorias de esta práctica persisten en muchas comunidades de los Estados Unidos en la actualidad.

Otro ejemplo de discriminación en materia de vivienda posterior a la Segunda Guerra Mundial fue el de lo que se llamó Levittown. Un desarrollista llamado William J. Levitt inventó un sistema que le permitía la producción en serie de viviendas en un solo día. Él construía grandes desarrollos suburbanos de viviendas que vendía a los veteranos que calificaban, por mucho menos de lo que pagarían por un alquiler. Su vivienda tipo incluía electrodomésticos modernos, patios con césped y un cerco blanco.

> Levittown fue un emprendimiento enorme, un desarrollo de 17.500 viviendas. Fue una solución visionaria al problema de vivienda que enfrentaban los veteranos que volvían de la guerra. Ofrecía viviendas de 750 pies cuadrados de superficie, con dos dormitorios, producidos en masa y vendidos a $8.000 cada uno, sin necesidad de un anticipo financiero. Wiliam Levitt construyó el proyecto a riesgo; no fue un caso donde los compradores anticiparon los fondos para que la compañía construyera las viviendas. Por el contrario, Levitt construyó las viviendas y luego buscó clientes. Nunca hubiera podido haber acumulado el capital necesario para emprender semejante proyecto sin la FHA y la VA. Pero durante la Segunda Guerra Mundial y algunos años después, el gobierno tenía autoridad otorgada por el Congreso para garantizar préstamos bancarios a grandes constructores de viviendas como Levitt por casi el monto total de sus emprendimientos. Para el año 1948, prácticamente todas las viviendas a nivel país, estaban siendo construidas con financiamiento del gobierno.[88]

Suena como que era una gran oportunidad para los soldados que regresaban, ¿verdad? Había un solo inconveniente: cada contrato contenía una cláusula que prohibía que afroamericanos habitaran las viviendas. Los compradores debían firmar ese contrato antes de mudarse a la abiertamente segregatoria comunidad de Levittown.

Uno de los hombres clave en la construcción del primer Levittown fue un afroamericano llamado Robert Mereday. Él había iniciado su propio negocio utilizando camiones reutilizados del ejército que conseguía a bajo costo, y los utilizaba para llevar grandes cargas. Levitt lo había contratado para transportar

88 Richard Rothstein, "The Color of Law: A Forgotten History of How Our Government Segregated America" ['El Color de la ley: una historia olvidada de cómo nuestro gobierno segregó los Estados Unidos'] (New York: Liveright Publishing, 2017), pp. 70-71.

los bloques de cemento que cubrían las fosas sépticas y más tarde lo contrató para transportar placas de yeso. Al poco tiempo, Mereday ya contaba con una pequeña flota de camiones que eran conducidos por varios de sus sobrinos que acababan de regresar del servicio militar. Era un empresario responsable que estaba llevando adelante su familia con un respetable ingreso de clase media. Era tan capaz como cualquier otra persona que estuviera queriendo comprar una casa en Levittown, pero ni siquiera lo intentó. Dijo a su hijo: "Es sabido que la gente de color no puede comprar en este desarrollo. Cuando creces y vives en un lugar, aprendes cuáles son las reglas del lugar."[89]

Uno de los sobrinos de Robert Mereday intentó comprar una de las casas, pero fue rechazado. Era un veterano de la Marina que también había sido rechazado cuando aplicó para obtener entrenamiento aéreo a causa de su color, y a quien sólo le fue permitido servir como mecánico. En lugar de comprar una casa en Levittown, sin un pago inicial y con una hipoteca con bajo interés, tuvo que comprar una vivienda en un suburbio, compuesto casi íntegramente por negros, un pago inicial considerable y asumiendo una hipoteca sin seguro y con altas tasas de interés. Él quedó "permanentemente amargado" por la discriminación que había sufrido por parte de la Marina y del mercado inmobiliario.[90]

Aun así, el primer Levittown en Nueva York fue un gran éxito y le siguieron otros en Pennsylvania, New Jersey, Maryland, y Puerto Rico.

¿Qué implicancias tiene esto? ¿Cuál es el efecto real de tener que pagar un poco más por una casa? Significa que los blancos podían comprar una vivienda en la comunidad de Levittown por $8.000 sin un pago inicial y con una hipoteca a una tasa muy baja. Con el tiempo, el mercado explotó y el precio de esas viviendas se disparó. Algunas de esas mismas viviendas se venden hoy entre $300.000 y $400.000. Las minorías a las cuales se les impidió acceder a esos acuerdos avalados por el gobierno, tuvieron que conformarse con viviendas de inferiores condiciones (si es que podían hacer frente al 20% que solía ser exigido como anticipo) y luego luchar cada mes para poder afrontar los pagos mensuales con las altas tasas de interés. Esa diferencia podía significar enviar o no a los hijos a la universidad. Comer saludablemente o no. Tener la posibilidad de transferir algo de riqueza a la generación siguiente o no. Las estimaciones indican que

89 Ibid. pp. 68-69.

90 Ibid. p. 69.

las familias negras que se vieron afectadas por la política del *redlining* hace 40 años, han perdido por lo menos $212.000 de riqueza personal en ese período de tiempo. Esta política es una de las principales razones que explican la importante brecha de riqueza entre negros y blancos en la actualidad.[91] Y todo esto ocurrió con el total conocimiento y aprobación del gobierno de los Estados Unidos.

Y hay aún más consecuencias por las prácticas injustas en política de vivienda sufridas por las minorías. Al haber acomodado las cartas para brindar privilegios a los blancos que los negros no tenían, eso influenció toda la percepción acerca de la competencia e inteligencia de los grupos. No se atribuían las diferencias a una exclusión injusta ni a un privilegio otorgado por el gobierno federal, sino más bien a una diferencia genética. La gente comenzó a percibir, de manera errada, que los blancos gestionaban mejor las finanzas que los negros. Parecían ser más capaces de prosperar. Los negros comenzaron a ser vistos como un poco menos inteligentes, un poco menos morales, un poco menos atentos, un poco menos responsables.

PREJUICIO GENERALIZADO

A principios del siglo XX, algunos lugares a lo largo del país llegaron a ser conocidos como "ciudades del ocaso"–comunidades sólo para blancos que desanimaban a los residentes negros mediante amenazas, intimidación y hasta violencia si era necesario. Por necesidad, los afroamericanos, a veces, debían atravesar estas ciudades durante algún viaje, pero sabían que no debían permanecer allí y se les advertía que no debía quedarse después del ocaso. Muchas ciudades incluso tenían letreros de advertencia. Una ciudad de Arkansas se jactaba en un letrero diciendo: "Veranos frescos, Inviernos suaves, Sin Ventiscas, Sin Negros". Algunos carteles decían: "Sólo blancos después del ocaso". En otros, el mensaje era aún más fuerte, utilizando el término más racista posible y la advertencia: "No permitas que el sol se ponga sobre ti en esta ciudad". Algunos de estos carteles estuvieron en pie hasta la década de 1970.

Incluso durante el día, los afroamericanos solían ser amenazados, golpeados o arrestados en las ciudades del ocaso. Era usual que los agentes de la ley escoltaran a los conductores negros hasta los límites de la ciudad. Ocasionalmente algunos viajeros negros eran linchados.

91 Khristopher Brooks, "Redlining's Legacy ..."

Para el año 1930, la mitad de los condados ubicados al costado de la Ruta 66, la principal vía para llegar desde Chicago a Los Ángeles, habían prohibido que los negros se detuvieran en restaurantes y moteles después del ocaso. Semejante peligro potencial constante y generalizado para los viajantes negros, llevó a la creación y publicación del Libro Verde para el Conductor Negro (*Negro Motorist Green Book)*, usualmente conocido como el Libro Verde. Victor Green, un trabajador del servicio postal de Harlem, compiló un listado de lugares a lo largo del país donde los afroamericanos podían pasar la noche sin peligro, salir a comer, hacer reparaciones a sus vehículos, etc. Publicado entre 1936 y 1966, el libro verde llegó a ser usado, por momentos, por más de dos millones de personas.[92]

Si nunca oíste hablar de las ciudades del ocaso, no te sientas mal. No eres el único. El autor James Loewen explica:

> Aunque las ciudades del ocaso estaban por todas partes, no existe, prácticamente, literatura al respecto. No se escribió ningún libro acerca de cómo se formaron las ciudades sólo para blancos en los Estados Unidos. De hecho, la historia es tan desconocida que merece el término *escondida.* Muchos estadounidenses no tienen idea de que tales ciudades y condados existieron, o piensan que eso sólo ocurrió en el Sur profundo. Irónicamente, el Sur más tradicional, prácticamente no tuvo ciudades del ocaso. Mississippi, por ejemplo, sólo tuvo seis aldeas, mientras Illinois tuvo más de 456…
>
> Incluso libros enteros que estudian individualmente algunas ciudades del ocaso, rara vez mencionan estas políticas. Los historiadores locales omiten estos hechos adrede, sabiendo que sería publicidad negativa para sus comunidades si fuera conocido fuera de la ciudad. Yo leí por lo menos 300 libros de historia locales –libros de mesa bien elaborados– acerca de ciudades cuyas políticas del ocaso había confirmado con historias detalladas transmitidas oralmente, pero sólo el 1% de esos libros mencionaron las políticas raciales de la ciudad estudiada. En conversaciones, los autores de algunos de estos tomos de historia fueron más comunicativos, demostrando conocer esa parte de la historia, pero no querer publicarla.[93]

Cuando verdaderamente comienzas a ver con qué severidad fueron oprimidos los afroamericanos durante este período de la historia, no sorprende que

92 Ross Coen, "Sundown Towns" ['Ciudades del Ocaso'] BlackPast, Agosto 23, 2020, https://www.blackpast.org/african-american-history/sundown-towns/.

93 James W. Loewen, *Sundown Towns: A Hidden Dimension of American Racism* ['Ciudades del ocaso: una dimensión escondida del racismo americano'] (New York: The New Press, 2005), p. 5.

el racismo todavía sea una plaga en la nación. La esclavitud como institución había sido abolida, pero eso no había cambiado profundamente la relación entre blancos y negros a nivel nacional. ¿Cómo se podría cambiar un sistema tan injusto? Eso lo veremos en el próximo capítulo.

¿Por qué seguimos confundidos sobre la raza? Como hemos visto en este capítulo, las raíces de la lucha racial están profundamente arraigadas en los aspectos más crueles, depravados e insensibles de la humanidad. Cuando los opresores se vuelven tan violentos, descorazonados e insensibles al dolor que ocasionan… cuando el gobierno discrimina activamente a un segmento tan grande de la ciudadanía para impedirle crecer y estabilizarse económicamente… cuando los derechos constitucionales no sólo son ignorados, sino intencionalmente y repetidamente violados… ¿cómo se puede esperar que no haya una ira y resentimiento prolongados?

8

Héroes y mártires (Historia: 1950-1965)

Los niños son influenciados desde muy pequeños por las imágenes que ven en el mundo que les rodea. El bombardeo que reciben de parte de las noticias, los medios, sus compañeros y su familia, afectan la forma en que ven el mundo y la manera en que ven al otro. Para mediados del siglo XX, generaciones de niños negros habían sido criados en una cultura que, en lo que tenía que ver con blancos y negros, declaraba "separados pero iguales". (Puede que recuerdes el fallo en el caso de *Plessy v. Ferguson* en 1896, del capítulo anterior). Pero, ¿será que los niños creían en eso?

En la década de 1940, una pareja afroamericana de apellido Clark, ambos doctores en psicología, condujo una serie de experimentos conocidos como la Prueba de la Muñeca. Entrevistaron a 253 niños negros de entre tres y siete años de edad, y le mostraron a cada uno cuatro muñecas. Dos muñecas tenían piel color marrón y cabello negro, las otras dos tenían piel blanca y cabello rubio.[94]

Luego le pidieron a cada niño que respondiera algunas preguntas: ¿Con cuál muñeca preferirías jugar? ¿Qué muñecas te parecen amables? ¿Qué muñecas son malas? ¿Cuál se parece más a ti? Los participantes prefirieron, abrumadoramente, las muñecas blancas a las negras, e incluso identificaban a las muñecas blancas como las que más se parecían a ellos mismos. Incluso a esa temprana edad, los niños ya habían internalizado que había algo malo en ser

94 Leila McNeill, "How a Psychologist's Work on Race Identity Helped Overturn School Segregation in 1950s America" ['Cómo el trabajo de un psicólogo sobre la identidad racial ayudó a revertir la segregación escolar en los Estados Unidos de los años 1950.'] *Smithsonian Magazine*, Oct. 26, 2017, https://www.smithsonianmag.com/science-nature/psychologist-work-racial-identity-helped-overturn-school-segregation-180966934/.

negro y algo bueno en ser blanco. Según los Clark, los resultados demostraban que la segregación forzada creaba un sentido de inferioridad en los niños que duraría toda la vida.[95]

En los años 2005 y 2010 se realizaron investigaciones que replicaban la prueba de la muñeca. Uno esperaría que, después de tanto tiempo, el contexto favoreciera a que los niños negros desarrollaran una mejor imagen propia, pero no parece ser el caso. Puedes encontrar segmentos de ambos experimentos en YouTube.[96]

BROWN CONTRA LA JUNTA DE EDUCACIÓN (1954)

A principios de los años cincuenta, la NAACP se oponía activamente a la segregación presentando demandas contra las escuelas. El abogado principal en ese tiempo era Thurgood Marshall, quien eventualmente tuvo la oportunidad de defender su caso ante la Corte Suprema en el emblemático juicio de *Brown contra la Junta de Educación.* Marshall llamó al estrado a los Clark para que testificaran basados en su investigación y en los resultados de la Prueba de la Muñeca. Un artículo biográfico sobre los Clark, destaca que las décadas de 1920 y 1930 fueron una "era de racismo científico", y que los Clark habían llegado en "literalmente el momento cúlmine de un período en la psicología marcado por el estudio de las diferencias raciales en la inteligencia, que se suponían innatas y basadas en la biología". Su trabajo

Los abogados George E. C. Hayes, Thurgood Marshall y James Nabrit Jr. celebran su victoria en el caso Brown vs. La Junta de Educación, *el 17 de mayo de 1954.*

95 "Kenneth and Mamie Clark Doll" ['Kennet y Mamier Clark Doll'] National Park Service, Abril 10, 2015, https://www.nps. gov/brvb/learn/historyculture/clarkdoll.htm.

96 https://www.youtube.com/watch?v=tkpUyB2xgTM.

"fue bastante influyente en la argumentación a favor de la integración en el caso *Brown contra la Junta.* Fue, además, la primera vez que un estudio de una ciencia social era utilizado en un caso de la Corte Suprema".[97]

La evidencia de los Clark era convincente. La Corte dictaminó que la segregación en las escuelas era inconstitucional. El presidente de la Corte, Earl Warren, escribió que "en el ámbito de la educación pública, la doctrina de 'separados pero iguales' no tiene lugar" porque las escuelas segregadas son "inherentemente desiguales"[98] y que la separación legal de los niños negros resultaba en "un sentimiento de inferioridad con respecto a su estatus en la comunidad que podía afectar sus corazones y sus mentes de una manera que parecía muy difícil de poder revertir".[99]

En 1955, la Corte Suprema enfrentó un caso secuela: *Brown contra la Junta de Educación II.* Aunque la Corte había dictaminado que se debía acabar con la segregación el año anterior, no se había creado ningún plan para llevarlo a cabo. El presidente de la Corte, Warren, había dejado la responsabilidad en manos de las autoridades de las escuelas y en las cortes menores que ya habían receptado casos de segregación en escuelas, y les ordenó que implementaran la decisión tomada en el caso *Brown* completamente y "con toda la celeridad posible".[100]

ESTUDIANTES PIONEROS

El solo hecho de que la segregación ahora fuera inconstitucional no hacía que fuera fácil implementar la integración en las escuelas. Y aunque la Corte Suprema había indicado que debía implementarse con celeridad, no todas las autoridades locales cumplirían. Había cambiado la ley, pero no las actitudes prevalentes. Los primeros alumnos negros que asistieron a escuelas que antes eran sólo para blancos tuvieron que soportar la ridiculización, las amenazas, intimidaciones e incluso actos de violencia. A continuación, vemos algunos ejemplos:

97 Alexandra Rutherford, "Developmental Psychologist, Starting from Strengths" ['Psicología del desarrollo, comenzando por las fortalezas'] citada en McNeill, Ibid.

98 "Brown v. Board of Education," History.com, Abril 8, 2020, https://www.history.com/topics/black-history/brown-v-board-of-education-of-topeka.

99 "Kenneth and Mamie Clark Doll," Ibid.

100 "Brown v. Board of Education of Topeka (2)," *Oyez*, https://www.oyez.org/cases/1940- 1955/349us294.

Los nueve de Little Rock estrechan la mano de Robert F. Wagner, Jr., alcalde de la ciudad de Nueva York, en 1958.

Los Nueve de Little Rock

Uno de los primeros ensayos de integración tuvo lugar en 1957 en Little Rock, Arkansas. Nueve estudiantes afroamericanos se inscribieron en lo que había sido, hasta el momento, la Secundaria Central High sólo para blancos. Sin embargo, transcurrieron tres semanas sin que pudieran poner un pie en el colegio. Cada vez que lo intentaban, se encontraban con una turba enfurecida de protestantes que les gritaban e insultaban: "¡No nos vamos a integrar!". El gobernador de Arkansas, Orval Faubus, envió a la Guardia Nacional, pero no para proteger a los jóvenes, sino para impedirles ingresar a la escuela.

La presencia militar escaló cuando el Presidente Eisenhower envió 1200 soldados de la División Aerotransportada 101 del Ejército para garantizar que los estudiantes pudieran ingresar a la escuela por la mañana y retirarse por la tarde, con total seguridad. Entre el momento en que entraban a la escuela y el momento en que salían, los nueve alumnos negros estaban solos. La menor de los nueve, Carlotta Walls, de catorce años en ese tiempo, recuerda: "Me dí cuenta rápidamente que, excepto por la presencia de los soldados para asegurarse de que los nueve siguiéramos con vida, para todo lo demás estaba sola". Ella cuenta que los nueve eran ridiculizados con apodos como "babuino", les hacían caer los libros de las manos y distintos tipos de abusos.

Cuando los nueve estudiantes demostraron que no cederían, logrando integrarse en la Secundaria Central High, al año siguiente, el Gobernador Faubus tomó una decisión más extrema que fue cerrar *todas* las escuelas secundarias públicas de Little Rock. Carlotta tomó sus clases de undécimo grado por correspondencia, pero regresó al año siguiente para convertirse en la primera mujer afroamericana graduada de la escuela Secundaria Central High de Little Rock. Poco después de su graduación, alguien bombardeó su casa. Negándose a dejarse intimidar, asistió a la escuela al día siguiente. Más adelante publicó un recuento de sus experiencias titulado "Un Poderoso y Largo Camino" (*A Mighty Long Way).*[101]

Ruby Bridges

Romper las barreras raciales de tanto tiempo en las escuelas fue suficientemente traumático para nueve adolescentes negros que se tenían el uno al otro como apoyo. Imagina lo que puede haber sido la integración de una niña de seis años que era la única niña negra en la escuela primaria.

Ruby Bridges asistía a un jardín de infantes segregado en New Orleans cuando se le exigió al estado que iniciara la integración. Las escuelas primarias habían creado un examen de ingreso para los afroamericanos para determinar si estaban en condiciones, académicamente, de seguir el ritmo de los estudiantes blancos. El examen era muy difícil, con la clara intención de justificar la continuidad de la segregación, pero Ruby pasó el examen. La escena en torno a su escuela primaria fue muy similar a lo relatado de Little Rock: aglomeraciones de padres blancos enojados, insultando con pancartas racistas en sus manos. Cada día, cuatro oficiales de policía escoltaban a Ruby a través de la multitud hacia la escuela, dos por delante y dos por detrás.

Cuando la intimidación no logró quebrar el espíritu de Ruby, los padres blancos de los niños que hubieran sido compañeros de Ruby, retiraron a sus hijos del establecimiento. Ruby cursó ese primer año de clases por sí sola con una dedicada maestra (nacida en Boston) que no sólo le enseñó las lecciones diarias, sino que también la ayudó a sobrellevar las dificultades que estaba enfrentando como consecuencia de la integración. Durante ese año, su familia también sufrió. Entre otras dificultades, su padre perdió el trabajo, sus abuelos fueron desalojados de la granja en la cual trabajaban como aparceros, y su madre fue echada de algunas tiendas de alimentos.[102]

---

101 Lina Mai, "'I Had a Right to Be at Central': Remembering Little Rock's Integration Battle" ['Tenía derecho de asistir a la escuela Central: recordando la batalla por la integración de Little Rock'] *Time*, Sept. 22, 2017, https://time.com/4948704/little-rock-nine-anniversary/.

102 Debra Michals, "Ruby Bridges," National Women's History Museum, 2015, https://www.womenshistory.org/education-resources/biographies/ruby-bridges.

La niña de seis años, Ruby Bridges, desciende por la escalinata de la Escuela Primaria William Frantz en New Orleans, Louisiana, escoltada por agentes federales en noviembre de 1960.

A pesar de no tener con quien compartir la comida o con quien jugar durante su primer año, Ruby no faltó a ninguna clase. Al año siguiente, parecía que la comunidad había aceptado, a regañadientes, la integración.

Los padres comenzaron a enviar a sus hijos a clase nuevamente, los oficiales de policía fueron retirados y Ruby pudo ir caminando a la escuela sin necesidad de escolta. Finalmente, en algún momento los otros niños comenzaron a jugar y conversar con ella.[103]

Ruby Bridges y los Nueve de Little Rock fueron dos de los primeros y más reconocidos ejemplos de segregación. Al ver la furia con la que reaccionaron las comunidades de los colegios a los cuales estos jóvenes estaban intentando asistir, en cumplimiento del fallo de la Corte en el caso *Brown vs. La Junta de Educación,* las actitudes de muchos espectadores hacia la integración comenzaron a cambiar.

Recuerda que escenas similares se repetían en miles de comunidades en todo el país. Muchos otros jóvenes negros tuvieron que soportar humillaciones,

103 "Ruby Bridges," *Biography*, Junio 22, 2020, https://www.biography.com/activist/ruby-bridges.

opresión, insultos y violencia, durante años. La integración escolar seguiría siendo un asunto que dividía a la sociedad por varios años, pero gracias a estos estudiantes pioneros, el cambio cultural comenzó.

MARCHAR Y MORIR POR UN CAMBIO

El problema fue que la Corte Suprema había fallado en favor de la eliminación de la segregación, pero no había un plan claro para llevarla a cabo. Sin ningún apoyo federal para hacer cumplir el fallo de *Brown vs. La Junta de Educación*, la aplicación quedaba en manos de los estados individualmente, por lo cual los resultados fueron muy diversos. Algunos estados, especialmente los del Sur, se resistieron y tardaron en responder, así que sus escuelas continuaron segregando.

En consecuencia, se organizaron algunas marchas en Washington para llamar la atención acerca de la necesidad de la integración. La táctica había dado resultado a principios de los años 1940 para protestar por la igualdad de oportunidades laborales para los afroamericanos y para impulsar la eliminación de la segregación en el ejército.[104] Cuando la gente escucha "Marcha en Washington", en general piensan en la de 1963 que examinaremos más adelante en este capítulo. Pero esa no fue la primera. Antes de esa, hubo dos Marchas Juveniles por la Integración de las Escuelas.

La primera tuvo lugar en 1958 cuando diez mil personas, tanto blancas como negras, marcharon en Washington para promover la igualdad e integración en las escuelas. La marcha fue liderada por Coretta Scott King, Jackie Robinson, Harry Belafonte, entre otros. Belafonte llegó junto a un grupo de estudiantes a la Casa Blanca y pidió reunirse con el Presidente Eisenhower, pero su pedido fue rechazado. El Dr. Martin Luther King pensaba participar, pero había sido apuñalado con un abridor de letras por una mujer trastornada durante una firma de libros en Harlem. Había tenido que ser llevado de urgencia al hospital y estaba en recuperación, así que su esposa fue quien dio el discurso en esa ocasión y lo hizo muy bien.

(Un doctor más tarde comentó al Dr. King que el filo del arma había pasado tan cerca de su arteria aorta que si hubiera estornudado, se hubiera muerto.

104 Jessie Kindig, "March on Washington Movement (1941-1947)" ['Movimiento de la Marcha en Washington (1941-1947)'] *BlackPast*, Dic. 6, 2007, https://www.blackpast.org/african-american-history/march-washington-movement-1941-1947/.

Durante la cirugía que duró cuatro horas, le debieron quitar dos costillas y parte del pecho. En ese momento tenía 29 años. Una década más tarde, habló de lo que se hubiera perdido "si hubiera estornudado" en su discurso de "He estado en la cima", el día anterior a su asesinato).[105]

El año siguiente se organizó otra marcha en la cual el Dr. King habló ante 26.000 personas. Esta marcha, nuevamente, reunió a blancos y negros, estudiantes y adultos que promovían mejoras. En ese tiempo, alguna gente de ambos lados se resistía a la integración. Para algunos estudiantes afroamericanos, un problema era la logística: muchos debían viajar largas distancias hasta su nueva escuela, lo cual, en algunos casos, extendía la jornada escolar desde el amanecer hasta la puesta del sol.

Los protestantes en Little Rock, Arkansas, reclaman contra la integración en la Escuela Secundaria Central High en el año 1959.

La mayor resistencia, sin embargo, vino de parte de los blancos –no sólo en el Sur, sino también en el Norte. Algunos simplemente se oponían a la "mezcla de razas". La palabra raza, según la utilización que se le daba en ese tiempo, básicamente denotaba una especie distinta. Una vez que la gente se había

105 DeNeen L. Brown, "Martin Luther King Jr. Was Stabbed by a Deranged Woman. At 29, He Almost Died" ['Martin Luther King, Jr. fue apuñalado por una mujer desquiciada. A la edad de 29 años, casi muere.'] The Washington Post, Ene. 21, 2019, https://www.washingtonpost.com/ history/2019/01/21/martin-luther-king-jr-was-stabbed-by-deranged-woman-he-almost-died/.

formado esa percepción errada, parecía tener sentido que los blancos se quedaran con los blancos y los negros con los negros. No hubo un reconocimiento de que en realidad somos iguales. Ese fue el motivo por el cual, en muchos estados se prohibía el matrimonio entre blancos y negros. Porque no se suponía que se mezclaran.

Es por eso que los pasos iniciales hacia la integración fueron resistidos tan violentamente, incluso después del mandato de la Corte Suprema. La gente era golpeada y escupida. Los niños eran atacados. Muchos estudiantes tuvieron que ser escoltados y supervisados por agentes policiales o militares. Muchos de los ataques fueron dirigidos contra miembros de la NAACP por haber sido la organización que recaudó el dinero para contratar a los abogados que argumentaron el caso por la integración de las escuelas. Los ataques vengativos e incluso asesinatos de varios miembros de la NAACP y allegados, se sucedieron entre los años 1955 y 1966:

- » Z. Alexander Lobby y Arthur Shores eran abogados comprometidos con los derechos de los afroamericanos y asociados frecuentemente con la NAACP. Las casas de ambos fueron bombardeadas, pero ellos sobrevivieron.
- » Fannie Lou Hamer ha sido comparada con Martin Luther King, Jr. por su habilidad para inspirar a quienes oían sus discursos. Enojada por los esfuerzos para negar a los afroamericanos el derecho al voto y por otras injusticias, se involucró en organizar y registrar a los jóvenes votantes. Una tarde de 1962, cuando regresaba de llevar a un grupo de jóvenes a registrarse para votar, y habiendo sido rechazados por una prueba de alfabetismo injusta, su autobús fue detenido por la policía. El cargo inventado por el cual le fue impuesta una multa de $100 fue que el autobús era

VENGANZA CONTRA LA NAACP:

- » Z. Alexander Looby
- » Arthur Shores
- » Fannie Lou Hamer
- » Rev. George Lee
- » Medgar Evers
- » Louis Allen
- » Vernon Dahmer

"demasiado amarillo". Esa noche fue despedida del trabajo que realizaba en una plantación y mucho de lo que poseía le fue confiscado.

» Al año siguiente, ella, junto a un grupo de mujeres negras, se sentaron en el sector "sólo para blancos" del restaurante de una estación de autobuses. Fueron arrestadas y llevadas al calabozo, donde fueron golpeadas salvajemente, a tal punto que Fannie resultó con daños permanentes en un ojo, un riñón y una pierna. Sin embargo, esto no la detuvo en su lucha por sus convicciones y creó una organización que reclutó a cientos de estudiantes universitarios blancos y negros que ayudarían a los afroamericanos a registrarse para votar en el Sur.[106]
» El Reverendo George Lee, Medgar Evers, Louis Allen y Vernon Dahmer fueron asesinados en distintos incidentes en Mississippi, a causa de su activo involucramiento en el ejercicio del voto, a nivel personal, y en asistir a otros afroamericanos a hacer lo mismo. La mayoría estaba conectada, de alguna manera, con la NAACP, lo cual desató la ira de los supremacistas blancos. Muchos crímenes, incluidos asesinatos, fueron perpetrados con absoluta impunidad por parte de algunos blancos. No nos alcanza el espacio en este libro para entrar en detalles de la vida y logros de cada uno de estos mártires, pero te animo a que puedas informarte acerca de ellos, y tantos otros valientes hombres y mujeres que lucharon por los derechos civiles en un período tan turbulento de la historia, incluso a expensas de sus propias vidas.

Aun así, su lucha logró algunos avances. Un logro importante fue la vigesimocuarta enmienda de 1964 que abolió el impuesto al sufragio. Anteriormente, se debía pagar un impuesto para poder votar. Este impuesto al sufragio dificultaba que muchos negros y blancos pobres pudieran votar. La Corte Suprema dictaminó que el impuesto al sufragio era ilegal y lo derogó en la vigesimocuarta enmienda.

EL SUEÑO DE MARTIN LUTHER KING

Muchos predicadores afroamericanos fueron fundamentales al motivar y animar a la gente de color en su búsqueda de la justicia social. Entendían que

106 Debra Michals, ed., "Fannie Lou Hamer," National Women's History Museum, 2017, https://www.womenshistory.org/education-resources/biographies/fannie-lou-hamer

El Dr. Martin Luther King, Jr., realiza su discurso "Tengo un Sueño" ante una multitud de, aproximadamente, unas 250.000 personas en Washington, DC, en 1963.

la justicia espiritual y la social estaban intrínsecamente ligadas. No querían que su teología fuera la justicia social, pero estaban comprometidos en lograr que su teología se viera reflejada en su entorno social.

Uno de los oradores más prominentes de este período fue el Dr. Martin Luther King, Jr. Uno de sus textos más potentes fue el discurso que dio en 1963, en un acto por la libertad y el trabajo, titulado "Tengo un Sueño". Se estima que 250.000 personas se reunieron en torno al monumento a Lincoln para escucharlo y apoyar su pedido de que el país asumiera la responsabilidad.

Quiero realizar varias observaciones acerca de su discurso, y las primeras van dirigidas a mis colegas pastores y predicadores. A todos los oradores en ese acto del 28 de agosto de 1963 les habían sido asignados siete minutos. El Dr. King preparó su discurso conforme al tiempo que le había sido asignado, al igual que otros oradores mucho menos conocidos que él. Cuando pensamos con suficiente dedicación lo que queremos comunicar y cómo lo queremos hacer, no es necesario extendernos mucho en los discursos.

Sin embargo, mi segunda observación es acerca de la importancia de la espontaneidad. Resulta ser que el Dr. King no tenía la intención de dar el discurso "Tengo un Sueño" en Washington. Él había preparado otro discurso. Pero uno de sus coristas le había escuchado dar una versión del discurso del Sueño en Detroit y le pidió que le contara a esa multitud acerca de su sueño. Evidentemente pensó que era una buena idea, porque su discurso es recordado como uno de los más emblemáticos de la historia. Acabó hablando cerca de 16 minutos, pero capturó la atención de su público durante cada instante de su alocución.

Analicemos algunas de las fortalezas específicas de su discurso. Utilizó la frase "Tengo un sueño" no menos de ocho veces. Cada vez que lo hacía, conectaba no sólo con el público negro y latino sino también con cualquiera que hubiera atestiguado las consecuencias de los prejuicios raciales y la discriminación. Cientos de miles de personas, muchas de las cuales se encontraban presentes ese día, soñaban con una relación más civilizada, más compasiva y más igualitaria entre los blancos y la gente de color.

Es importante que busques el discurso y lo leas con detenimiento, palabra por palabra. Mejor aún si puedes escuchar una grabación del discurso del Dr. King.[107] El discurso completo es poderoso y entenderás mucho mejor lo que el Dr. King estaba impulsando.

Luego de un corto saludo "feliz de estar aquí", el Dr. King destacó la importancia de la fecha:

> Hace cien años, un gran americano, cuya sombra simbólica nos cobija, firmó la Proclamación de Emancipación. Este importante decreto se convirtió en un gran faro de esperanza para millones de esclavos negros que fueron cocinados en las llamas de la injusticia. Llegó como un amanecer de alegría para terminar la larga noche del cautiverio.[108]

Para comenzar, King destaca que han transcurrido 100 años desde que se firmó la Proclamación de Emancipación. En 1863, esa declaración había sido recibida con mucha expectativa y esperanza de un futuro mejor. Pero, como ya hemos visto, el progreso de la gente de color fue mucho más lento de lo que se hubiera esperado. El Dr. King inmediatamente remarcó este punto:

> Pero 100 años después debemos enfrentar el hecho trágico de que el negro aún no es libre. Cien años después, la vida del negro es todavía minada por los grilletes de la discriminación. Cien años después, el negro vive en una solitaria isla de pobreza en medio de un vasto océano de prosperidad material. Cien años

107 "Top 100 Speeches," ['Los 100 mejores discursos']American Rhetoric, https://www.americanrhetoric.com/speeches/ mlkihaveadream.htm.

108 Esta cita del discurso "Tengo un Sueño" y las subsiguientes fueron tomadas de la traducción publicada por el sitio web del Diario El Mundo, https://www.elmundo.es/especiales/2013/internacional/martin-luther-king/texto-integro.html

> después, el negro todavía languidece en los rincones de la sociedad estadounidense y se encuentra a sí mismo exiliado en su propia tierra.

Tenemos que entender que, en 1963, mucha gente entendía que la esclavitud había terminado hacía cien años. Quienes se habían beneficiado del crecimiento económico de posguerra y de la estabilidad financiera no tenían idea de lo que otros estadounidenses habían sufrido con los Códigos Negros, las leyes de Jim Crow, los linchamientos, y la amenaza constante del Ku Klux Klan y otras realidades de las vidas de las comunidades negras. No podían imaginar el grado de frustración de quienes habían recibido la promesa de igualdad en 1865 y 1877, por parte de la Corte Suprema de los Estados Unidos, pero que nunca se concretó. Las palabras de Martin Luther King resonaban en una audiencia tan masiva como atenta. Continuó diciendo:

> Y así hemos venido aquí hoy para dramatizar una condición extrema. En cierto sentido, llegamos a la capital de nuestra nación para cobrar un cheque. Cuando los arquitectos de nuestra república escribieron las magníficas palabras de la Constitución y la Declaración de Independencia, firmaban una promisoria nota de la que todo estadounidense sería heredero. Esa nota era una promesa de que todos los hombres tendrían garantizados los derechos inalienables de 'vida, libertad y búsqueda de la felicidad'. Es obvio hoy que Estados Unidos ha fallado en su promesa en lo que respecta a sus ciudadanos de color. En vez de honrar su obligación sagrada, Estados Unidos dio al negro un cheque sin valor que fue devuelto con el sello de 'fondos insuficientes'. Pero nos rehusamos a creer que el banco de la justicia está quebrado. Nos rehusamos a creer que no hay fondos en los grandes depósitos de oportunidad en esta nación. Por eso hemos venido a cobrar ese cheque, un cheque que nos dará las riquezas de la libertad y la seguridad de la justicia.

El Dr. King declaró la realidad de manera frontal: era como si los negros hubieran recibido un "cheque sin fondos" de su gobierno. Promesas importantes habían sido incumplidas. Con todo, decidió seguir confiando y mostrarse esperanzado. Los Estados Unidos no estaban en bancarrota. Había justicia y libertad suficiente para continuar. El cambio era necesario, pero había formas correctas y formas incorrectas de lograr esos cambios tan necesarios:

> No habrá ni descanso ni tranquilidad en Estados Unidos hasta que el negro tenga garantizados sus derechos de ciudadano. Los remolinos de la revuelta continuarán sacudiendo los cimientos de nuestra nación hasta que emerja el esplendoroso día de la justicia. Pero hay algo que debo decir a mi gente, que aguarda en el cálido umbral que lleva al palacio de la justicia: en el proceso de ganar nuestro

> justo lugar no deberemos ser culpables de hechos erróneos. No saciemos nuestra sed de libertad tomando de la copa de la amargura y el odio. Siempre debemos conducir nuestra lucha en el elevado plano de la dignidad y la disciplina. No debemos permitir que nuestra protesta creativa degenere en violencia física. Una y otra vez debemos elevarnos a las majestuosas alturas de la resistencia a la fuerza física con la fuerza del alma.

El Dr. King instó a la gente de color a que, cuando finalmente fueran reconocidos como correspondía, no comenzaran a oprimir a otros ni a ser culpables de "hechos erróneos". A pesar de la decepción y la frustración acumulada por tantos siglos, la violencia no era la respuesta adecuada. La "protesta creativa" era una estrategia aceptable; la violencia física no. Ahora que muchos habían comenzado a ser más abiertos en su búsqueda de la integración y la igualdad, King sabía que muchos de sus críticos se preguntaban: "¿Cuándo se van a dar por satisfechos?" Su respuesta fue:

> Nunca estaremos satisfechos mientras el negro sea víctima de los inimaginables horrores de la brutalidad policial. Nunca estaremos satisfechos en tanto nuestros cuerpos, pesados por la fatiga del viaje, no puedan acceder a un alojamiento en los moteles de las carreteras y los hoteles de las ciudades. No estaremos satisfechos mientras la movilidad básica del negro sea de un gueto pequeño a uno más grande.
>
> Nunca estaremos satisfechos mientras a nuestros hijos les sea arrancado su ser y robada su dignidad con carteles que indican: 'Solamente para blancos'. No podemos estar satisfechos y no estaremos satisfechos en tanto un negro de Mississippi no pueda votar y un negro en Nueva York crea que no tiene nada por qué votar. No, no estamos satisfechos, y no estaremos satisfechos hasta que la justicia nos caiga como una catarata y el bien como un torrente.

Esa última frase, referencia un pasaje de la Biblia. El profeta Amós escribió mucho acerca de la justicia –o más específicamente, de la injusticia que veía en la cultura de su tiempo, incluso entre el pueblo de Dios. La diferencia era que los Israelitas habían abandonado la justicia; eran apáticos al respecto. Quienes participaban del Movimiento por los Derechos Civiles estaban apasionados por ver que la justicia que tanto tiempo les había sido negada, finalmente fuera concretada. Se hicieron eco del deseo de Amós: "¡Pero que fluya el derecho como las aguas, y la justicia como arroyo inagotable!" (Amós 5:24 NVI).

El Dr. King explayó más su respuesta a la pregunta de "¿Cuándo se darán por satisfechos?" al llegar a la sección de "Tengo un sueño" de su discurso. En este segmento, el Dr. King entró en detalles:

> Aunque debamos afrontar las dificultades de hoy y de mañana, yo todavía tengo un sueño. Es un sueño arraigado profundamente en el sueño americano. Yo tengo un sueño de que un día esta nación se elevará y vivirá el verdadero significado de su credo: 'Creemos que estas verdades son evidentes: que todos los hombres son creados iguales'.
>
> Yo tengo el sueño de que un día en las coloradas colinas de Georgia los hijos de los ex esclavos y los hijos de los ex propietarios de esclavos serán capaces de sentarse juntos en la mesa de la hermandad.
>
> Yo tengo el sueño de que un día incluso el estado de Mississippi, un estado desierto, sofocado por el calor de la injusticia y la opresión, será transformado en un oasis de libertad y justicia.
>
> Yo tengo el sueño de que mis cuatro hijos pequeños vivirán un día en una nación donde no serán juzgados por el color de su piel sino por el contenido de su carácter. ¡Yo tengo un sueño hoy!
>
> Yo tengo el sueño de que un día, allá en Alabama, con sus racistas despiadados, con un gobernador cuyos labios gotean con las palabras de la interposición y la anulación; un día allí mismo en Alabama, pequeños niños negros y pequeñas niñas negras serán capaces de unir sus manos con pequeños niños blancos y niñas blancas como hermanos y hermanas. ¡Yo tengo un sueño hoy!
>
> Yo tengo el sueño de que un día cada valle será exaltado, cada colina y montaña será bajada, los sitios escarpados serán aplanados y los sitios sinuosos serán enderezados, y que la gloria del Señor será revelada y toda la carne la verá al unísono.

Nuevamente, el Dr. King regresa a una imagen de una profecía del Antiguo Testamento para ilustrar su punto. El profeta Isaías escribió acerca de: "Una voz proclama: «Preparen en el desierto un camino para el Señor; enderecen en la estepa un sendero para nuestro Dios. Que se levanten todos los valles, y se allanen todos los montes y colinas; que el terreno escabroso se nivele y se alisen las quebradas. Entonces se revelará la gloria del Señor y la verá toda la humanidad. El Señor mismo lo ha dicho». (Isaías 40: 3-5 NVI). El consuelo que Dios estaba ofreciendo a su pueblo en Isaías 40:1 era lo que el Dr. King estaba dirigiendo hacia los varios estados racistas del Sur en los años 1960. Esta era una afirmación de tenor divino, acerca de la agenda social que debía ser impulsada.

Nuevamente te sugiero que busques el discurso y lo leas cuando tengas tiempo para dedicarte a meditar en su contenido. Ha inspirado a tanta gente a lo largo de las décadas y continúa siendo fuente de inspiración. La esposa de Martin Luther King, Coretta King, una vez comentó acerca del discurso: "En ese momento, parecía como si el Reino de Dios se hubiera manifestado. Pero sólo duró un momento".[109]

La Marcha por el trabajo y la libertad del 28 de agosto de 1963 en Washington fue un momento memorable en la historia estadounidenses, pero poca gente supo, en ese entonces, cuán especial había sido. Antes de la marcha, tanto el Dr. King como el Presidente Kennedy, habían manifestado preocupación por lo que pudiera acontecer ese día. Desde mayo del año anterior, se habían realizado 1340 protestas en más de doscientas ciudades en respuesta a las escenas ocurridas en Birmingham donde los perros de la policía fueron soltados para atacar a los protestantes negros y las mangueras de los bomberos habían sido utilizadas con toda su potencia contra niños negros. Ahora, cientos de miles de personas frustradas y agitadas se reunían en Washington, lo cual preocupaba a muchos que esperaban lo peor.

Kennedy proporcionó más seguridad para este evento que para cualquier otro evento pacífico ocurrido en toda la historia de los Estados Unidos. El servicio secreto solicitó apoyo del FBI y se infiltraron 150 agentes entre la multitud. La policía de Washington estaba en alerta máxima y había creado planes de respuesta ante 72 escenarios potenciales de disturbios. La Guardia Nacional fue convocada para asistir a la policía en la protección del Congreso, los Monumentos Nacionales y los negocios que podían ser saqueados. Los jueces locales estaban preparados para intervenir en los juicios que pudieran surgir y los calabozos habían sido vaciados para hacer lugar para los protestantes problemáticos. Los hospitales cancelaron las cirugías programadas para disponer de 350 camas en caso de emergencia. Las oficinas del gobierno fueron cerradas y a los empleados estatales se les indicó permanecer en sus domicilios. La ciudad decretó una prohibición a la venta de alcohol de veinticuatro horas

109 "Writings and Speeches That Changed the World, Martin Luther King, Jr." ['Escritos y discursos que cambiaron el mundo, Martin Luther King, Jr.'] Editado por James M. Washington (New York: HarperCollins, 1986, 1992), pp. 102.

por primera vez desde la época de la prohibición. Las cinco bases militares cercanas a Washington estaban en alerta máxima con 15.000 fuerzas especiales listas para ser desplegadas y treinta helicópteros listos para volar en caso de necesidad. El Presidente Kennedy había preparado órdenes ejecutivas con anticipación, una para ordenar a la multitud que se disperse y otra autorizando al Pentágono a tomar "las acciones necesarias" para dispersar a la multitud si fuera necesario. Un reportero lo describió así: "La ciudad se transformó de la capital de un país en paz a la de un país en guerra".

Muchas otras medidas preventivas fueron tomadas, pero resultaron innecesarias por cómo el Dr. King habló poderosamente acerca de su sueño y de la importancia de lograr cambios que mejoren la vida de los afroamericanos, pero sin violencia. Al finalizar el día, sólo se habían realizado tres arrestos –personas blancas en los tres casos. La orden más importante que dio el jefe de policía ese día fue la instrucción a sus oficiales de no comer la vianda que les había sido entregada porque el pollo había estado todo el día expuesto a la temperatura ambiente.

En ese día de 1963 no se robó ningún banco. Nadie fue llevado de emergencia al hospital. No hubo ningún disturbio. [110]

¿Por qué seguimos confundidos sobre la raza? Yo sospecho que demasiada gente vive bajo la antigua regla de "un ojo por un ojo y un diente por un diente". El Dr. King enseñó y ejemplificó lo que se podía lograr a partir de un compromiso inquebrantable con los cambios sin violencia, y en ese momento, cientos de miles de personas lo escucharon. ¿Puedes imaginarte una multitud de 250.000 protestantes frustrados, de pie todo el día, bajo el calor del sol y sin ningún hecho de violencia?

110 Nick Bryant, "Martin Luther King and the Race Riot That Never Was" ['Martin Luther King y el disturbio racial que no fue'] BBC News, Ago. 25, 2013, https://www.bbc.com/news/magazine-23790147.

9

Sacrificio de blancos... Héroes desconocidos

A veces hablamos acerca de cómo la historia de los negros ha sido excluida de los libros de historia, pero creo que también se han pasado por alto muchas historias de blancos que han ayudado a los negros. Necesitamos ser más conscientes de estos sucesos.

Un ejemplo fue Walter Reuther, presidente de la Unión de Trabajadores de Automóviles (UAW) entre los años 1946 y 1970. Él no sólo se destacó por esforzarse para ofrecer mejores beneficios y condiciones laborales para los obreros, sino también por promover activamente los derechos civiles. Defendía la igualdad de derechos para blancos y negros dentro de la unión, impulsó el progreso de los negros, apoyó económicamente el progreso de los negros en la sociedad y les ayudó en cuestiones legales. Participó de la Marcha a Selma y la UAW financió las marchas por la libertad de Detroit y Washington en el año 1963.

Walter Reuther, presidente de la Unión de Trabajadores de Automóviles desde 1946 hasta su muerte en 1970, implementó la justicia y la igualdad.

Reuther fue uno de los pocos oradores del acto en Washington que no eran afroamericanos. Cuando comenzó a hablar desde el escenario, uno de los protestantes se inclinó y preguntó a un amigo: "¿Quién es Walter Reuther?" La respuesta fue: "¿Walter Reuther? Es el Martin Luther King blanco".[111] Reuther era alguien que creía en la rectitud y la igualdad, y además, las practicaba.

DOMINGO SANGRIENTO

Este era un período volátil para los afroamericanos que luchaban activamente por sus derechos civiles, así como para los blancos que los apoyaban y ayudaban en sus esfuerzos. Durante la década de 1960, se trabajó mucho para convencer a los negros de que debían registrarse para votar. Sus derechos estaban siendo negados a través del impuesto al sufragio, de exámenes de inteligencia y demás artilugios inescrupulosos e ilegales.

Durante una marcha nocturna en Alabama, convocada en protesta por el arresto de un activista, Jimmie Lee Jackson, un joven de veintiséis años marchaba junto a su hermana, su madre y su abuelo de ochenta y dos años. Cuando la policía comenzó a atacar a los pacíficos manifestantes, estos corrieron a refugiarse en las viviendas, los comercios y en la iglesia de la cual acababan de salir. Jimmie y su familia entraron en un café cercano, pero fueron perseguidos por la policía que comenzó a golpear a su madre. Como buen hijo, soldado retirado y diácono de su iglesia, Jimmie trató de protegerla. Un policía estatal de Alabama le disparó directamente al estómago y lo persiguió hacia la calle, donde continuó golpeándolo hasta que colapsó. Jimmie murió ocho días más tarde. En esos días, Martin Luther King lo fue a visitar y Jimmie pudo recibir de parte del héroe de los derechos civiles, elogios por su valentía y su fe.

Ningún policía estatal fue enjuiciado en ese momento. Finalmente el autor del crimen fue imputado por el tiroteo pero fue más de cuarenta años después. La muerte de Jackon fue catalogada como el "catalizador que produjo la marcha hacia Montgomery" dos semanas más tarde, en lo que se recuerda como el "Domingo Sangriento".[112]

---

111 Thomas Featherstone, "No Greater Calling: The Life of Walter P. Reuther" ['No hay llamado mayor: la vida de Walter P. Reuther'] Wayne State University Library, http://reuther100.wayne.edu/bio.php?pg=4.

112 "Jackson, Jimmie Lee: Biography," ['Jakson, Jimmie Lee: biografía'] Stanford University Martin Luther King, Jr. Research and Education Institute, https://kinginstitute.stanford.edu/encyclopedia/jackson-jimmie-lee.

Un clérigo canadiense sin identificar se unió al Dr. Martin Luther King, Jr., y a su familia en su marcha de Selma a Montgomery, en 1965.

La marcha recorría 54 millas entre Selma y Montgomery, para protestar contra la injusticia en un condado donde los afroamericanos representaban más de la mitad de la población, pero sólo un dos por ciento de los votantes registrados. Los líderes de la marcha pretendían presentar el caso directamente ante el gobernador George Wallace en la capital del estado. Wallace ordenó a los policías estatales a "utilizar todos los medios necesarios para impedir la marcha". No obstante, el domingo 7 de marzo, seiscientas personas comenzaron a marchar. Caminaron por el centro de Selma sin inconvenientes y siguieron por el puente Edmund Pettus (nombrado en honor a un general confederado que además había sido gran dragón del Ku Klux Klan de Alabama). Cuando los primeros protestantes llegaron a la parte alta del puente, vieron cómo la policía local y estatal estaba esperando del otro lado del puente.

Cuando se acercaron, a través de un altoparlante se les advirtió que debían dispersarse. Los protestantes esperaban violencia, así que se alinearon prácticamente en una sola fila y comenzaron a cruzar el puente por detrás de los líderes de la marcha, John Lewis y Hosea Williams. La policía comenzó a atacarlos con palos, látigos y tubos de goma envueltos en alambre de púas. Lewis recibió un golpe en la cabeza que le fracturó el cráneo, aunque, afortunadamente, no murió. Sobrevivió y llegó a ser diputado y a defender durante toda su vida la causa de los derechos de los negros. Los atacantes también portaban máscaras de gas y utilizaron gas lacrimógeno contra los protestantes. Los espectadores festejaban lo que veían. Lo notable de esta protesta es que los protestantes se habían comprometido a no devolver el ataque, a no responder con violencia. Cuando ya no pudieron continuar por lo violento del trato recibido, no tuvieron otra opción que volver por donde habían ido.

John Lewis y Hosea Williams encabezan la marcha a través del puente Edmund Pettus en Montgomery, Alabama en el "Domingo Sangriento", el 7 de marzo de 1965.

Sin embargo, este fue uno de los primeros abusos contra los promotores de los derechos civiles que fue filmado por las cámaras de televisión. Para cuando las películas con las grabaciones llegaron a New York y fueron procesadas, ya era tarde en la noche, pero aun así, las cadenas interrumpieron su programación para mostrar las imágenes. Por casualidad, esa noche el canal ABC presentaba la película "El Juicio de Nuremberg", un programa acerca del horrible trato y el encarcelamiento sufrido por los judíos durante el Holocausto. Casi cincuenta millones de espectadores vieron las golpizas ordenadas por el gobierno y cómo los protestantes pacíficos sangraban en medio de una nube de gas lacrimógeno en Alabama. Estas imágenes, quedaron yuxtapuestas con las de las atrocidades de la historia Nazi. El impacto visual de la escena, generó grandes sentadas, bloqueos de tráfico, y otras demostraciones de solidaridad en la nación. [113]

La noche después del ataque contra los protestantes del Domingo Sangriento, el Dr. King envió una ráfaga de telegramas y declaraciones públicas, "llamando a los líderes religiosos de toda la nación a unirse el día martes en una marcha pacífica por la libertad". El Presidente Lyndon Johnson también sumó su apoyo. "Los estadounidenses en todas partes se unen para condenar la brutalidad con la que un número de ciudadanos negros de Alabama fue tratado cuando intentaban visibilizar su profundo y sincero interés en lograr el precioso derecho al voto".[114]

La marcha fue organizada para el día 21 de marzo, con el acompañamiento de las tropas de la Guardia Nacional. Para cuando los protestantes completaron los cuatro días de marcha y llegaron a Montgomery, la multitud había crecido hasta las 25.000 personas. La opinión pública había cambiado. El Congreso aprobó la ley del derecho al voto menos de cinco meses después. Cuando el Presidente Johnson firmó la ley dijo que el día "representaba un triunfo para la libertad como cualquier otra victoria que se haya ganado en un campo de batalla". [115]En pocos meses, había más de 250.000 negros registrados para votar. En cuatro años, la cantidad de votantes registrados en el Sur se había más que duplicado.[116]

Después del llamado a la acción del Dr. King, tanto negros como blancos comenzaron a responder. Quiero prestar especial atención a la respuesta de la América blanca. Gracias a los medios, muchos recién comenzaban a ver lo que los afroamericanos habían estado viviendo durante muchas décadas. Muchas veces, al revisar la historia y ver los muchos conflictos entre blancos y negros, simplificamos demasiado el problema al considerar que un grupo está en lo

113 Christopher Klein, "How Selma's 'Bloody Sunday' Became a Turning Point in the Civil Rights Movement" ['Cómo el "domingo sangriento" de Selma se convirtió en punto de inflexión en el Movimiento por los Derechos Civiles'] History.com, Julio 18, 2020, https://www.history.com/news/selma-bloody- sunday-attack-civil-rights-movement.

114 "Selma to Montgomery March" ['La Marcha de Selma a Montgomery'] Stanford University Martin Luther King, Jr. Research and Education Institute, https://kinginstitute.stanford.edu/encyclopedia/selma-montgomery-march.

115 "Voting Rights Act of 1965" ['Ley de Derechos del Voto de 1965'] Stanford University Martin Luther King, Jr. Research and Education Institute, https://kinginstitute.stanford.edu/encyclopedia/voting-rights-act-1965.

116 Eunice Hyon Min Rho, "Remembering Dr. King's Defense of Voting Rights" ['Recordando la defensa de los derechos al voto del Dr. King'] ACLU.org, Ene. 16, 2012, https://www.aclu.org/blog/voting-rights/promoting-access-ballot/remembering- dr-kings-defense-voting-rights.

correcto y el otro errado. Pero en este caso, muchos estadounidenses blancos respondieron al llamado de King –no porque ellos mismos estuvieran afectados por lo que ocurría sino porque esas injusticias afectaban a toda la nación y su entendimiento de quién es Dios.

INDIVIDUOS PARA RECORDAR

Yo creo que los blancos no han sido debidamente reconocidos por su contribución al movimiento de los derechos civiles al apoyar a los afroamericanos y unirse a su lucha por pensar que era lo correcto delante de Dios. No quiero que ese período de la historia sea recordado sólo como un conflicto entre blancos y negros.

Todos debemos ver que cuando uno de nosotros es tratado injustamente, todos estamos siendo tratados injustamente. Somos llamados por Dios a practicar la justicia, no sólo para nosotros mismos, sino también por aquellos que están siendo tratados de manera injusta. Los creyentes debemos conformar un frente unido que resista los comportamientos contrarios a la justicia.

A continuación, presentaré a algunos estadounidenses blancos que pagaron el precio más alto por defender a los afroamericanos en este período caótico y turbulento de la lucha de los negros.

James Reeb

El Reverendo James Reeb era un pastor blanco de Boston que respondió al llamado del Dr. Martin Luther King para que los líderes religiosos apoyaran las protestas pacíficas por el derecho al voto. Tenía 38 años de edad, una esposa y cuatro hijos. Se había graduado de Princeton con un grado en Teología Sagrada –uno de los grados más altos que se podían obtener en ese tiempo– y ministraba tanto en la iglesia Presbiteriana como en la Unitaria. Residía, por elección, en un vecindario de bajos ingresos y envió a sus hijos a escuelas públicas donde muchos de los alumnos eran negros. Además, era director de jóvenes de YMCA para ayudar a quienes no tenían tantos privilegios como él.

No tardó en ir al Sur después de atestiguar los eventos ocurridos en el Domingo Sangriento del 7 de marzo de 1965, y el día 9 de marzo ya estaba cenando con otros dos ministros en un restaurante integrador. Al salir del restaurante, varios hombres se interpusieron en su camino y los comenzaron a golpear con bates de béisbol. Los tres resultaron heridos, pero Reeb recibió un golpe cortante en la cabeza. Fue llevado a un hospital para afroamericanos que no estaba tan bien equipado como la mayoría de los hospitales para blancos. A pesar de la gravedad de su lesión, un hospital blanco cercano al lugar del hecho se negó a atenderlo porque se había mostrado a favor de los afroamericanos. Esto hizo que demorara dos horas más en ser atendido, por tener que ir hasta Birmingham. Finalmente entró en coma y murió dos días más tarde.

Tres hombres blancos fueron imputados por el asesinato de Reeb pero fueron absueltos. En el eulogio de Reeb, el Dr. King dijo que Reeb "simboliza las fuerzas de la buena voluntad de la nación. Él demostró tener conciencia de nación. Fue un defensor de los inocentes en la corte de la opinión pública. Fue un testigo de la verdad de que las diferentes razas y clases sociales pueden vivir, comer y trabajar unidos como hermanos."[117]

Viola Liuzzo

La Sra. Viola Liuzzo, de treinta y nueve años de edad, tenía esposo y cinco hijos. Era originaria de Detroit, aunque había crecido en el Sur. Como miembro de la sede de Detroit de la NAACP, estaba al tanto de los conflictos y las injusticias que ocurrían en el Sur, y había atestiguado la violencia de la marcha del Domingo Sangriento por medio de las estaciones de noticias. Dos semanas más tarde se encontraba en Selma, Alabama, a pesar de que en ese tiempo había escuchado lo que había ocurrido con James Reeb.

Viola Liuzzo recibió dos disparos en la cabeza por parte de miembros del KKK mientras transportaba protestantes entre Selma y Montgomery.

Liuzzo estaba utilizando su propio vehículo para transportar a los protestantes que iban y venían entre Selma y Montgomery, luchando por el derecho al voto de los afroamericanos. Estaba transportando a un adolescente afroamericano llamado Leroy Moton por la ruta 80, cuando tuvo que detenerse en una

117 "Reeb, James," Stanford University Martin Luther King, Jr. Research and Education Institute, https://kinginstitute.stanford.edu/encyclopedia/reeb-james.

luz roja. Un auto se detuvo a su lado. Miembros del Ku Klux Klan sacaron sus armas y le dispararon dos veces en la cabeza. Ella murió y su automóvil acabó en una zanja. Moton quedó cubierto con la sangre de Liuzzo, así que decidió hacerse el muerto. Más tarde, Moton testificaría contra tres de los agresores, logrando que fueran sentenciados a diez años de prisión.[118] La condena que recibieron fue por conspiración para intimidar a un afroamericano, pero nunca fueron juzgados por asesinato.

Los hechos de este suceso salieron a la luz porque uno de los hombres en el vehículo de los miembros del KKK era un informante del FBI. En realidad, era un miembro del KKK a quien el FBI le estaba pagando por información… y sospecharon que había estado involucrado en el asesinato. Semejante matanza a sangre fría de una mujer blanca, madre de cinco hijos, seguramente atraería mucha atención. En cuestión de horas, el Director del FBI J. Edgar Hoover ya había creado una historia para tapar los hechos reales. Dijeron que los cortes en sus brazos, causados por los vidrios destrozados eran, en realidad, a causa de abusos de drogas. Además, se informaba que era una mala esposa y madre, que había abandonado a su familia y que estaba teniendo una aventura con Motón de 19 años de edad.

La familia de Liuzzo sabía la verdad y, por supuesto, se opuso a estas declaraciones. Pero no fue hasta el año 1978 que, haciendo uso de la ley de libertad de la información, su familia pudo limpiar oficialmente su nombre. Su autopsia no reveló presencia de drogas en su organismo ni de actividad sexual reciente. Y en su diario personal, que fue liberado por el FBI, había escrito: "No puedo quedarme sentada, viendo a mi gente sufrir". Un reportero preguntó por qué una mujer blanca escribiría eso acerca de la gente de color, y su hija, ahora ya adulta, dijo: "Ella realmente creía lo que Cristo dijo que los que sufren y están en necesidad son nuestra gente. Mi mamá veía a todos los seres humanos como su gente".[119]

(Esta campaña de desprestigio fue una mancha negra en el FBI porque su líder en ese tiempo estaba desesperado por ocultar el hecho de que habían estado financiando a uno de los asesinos de Liuzzo. Sin embargo, habiendo servido como capellán para el FBI y habiendo visto, en carne propia, las difíciles

118 "Viola Gregg Liuzzo Biography" ['Biografía de Viola Gregg Liuzzo'] Biography, Nov. 19, 2020, https://www.biography.com/ activist/viola-gregg-liuzzo.

119 Donna Britt, "A White Mother Went to Alabama to Fight for Civil Rights. The Klan Killed Her for It" ['Una madre blanca fue a Alabama a luchar por los derechos civiles. El Klan la mató por ello'] Washington Post, Dic. 15, 2017, https://www.washingtonpost.com/news/ retropolis/wp/2017/12/15/a-white-mother-went-to-alabama-to-fight-for-civil-rights-the-klan- killed-her-for-it/.

situaciones que enfrentan los agentes y las víctimas con las que trabajan, estoy convencido de que es, en la actualidad, una organización honorable y creíble).

Viola Liuzzo fue la única mujer blanca asesinada en el movimiento por los derechos civiles. Muchos historiadores consideran que su muerte fue clave para la rápida aprobación de la Ley del Derecho al Voto aprobada el 6 de agosto de 1965. Cinco décadas después de su muerte, fue honrada con un reconocimiento del Instituto por los Derechos Civiles Birmingham en su vigésimo quinto aniversario. Ha sido incluida en un grupo de cuarenta mártires en el Monumento a los Derechos Civiles en Montgomery. También fue incorporada al Salón de la Fama de Michigan en 2006.

Tanto James Reeb como Viola Liuzzo se activaron por la causa después del incidente del Domingo Sangriento. Estaban al tanto de la violencia y la intimidación perpetrada por la policía y los supremacistas blancos. Sin embargo, se involucraron voluntariamente y pagaron el precio más caro en la búsqueda de una solución a la injusticia del racismo.

Jonathan Daniels

El estudiante de seminario, Jonathan Daniels fue asesinado por una bala dirigida hacia una de las personas que se encontraban con él—una protestante negra—en agosto de 1965.

Jonathan Daniels estaba cursando su segundo año en el seminario de la Escuela de Divinidad Episcopal en Cambridge, Massachusetts, cuando escuchó el llamado de Martin Luther King a los clérigos de involucrarse en los derechos civiles. De veintiséis años de edad, se había graduado con el mejor promedio en el Instituto Militar de Virginia. Junto a un compañero seminarista, habían llegado a Alabama un jueves, planeando regresar a clases el día lunes, pero se quedaron por casi una semana y decidieron regresar más tarde para quedarse más tiempo. Daniels escribió: "Algo me ocurrió en Selma, lo cual me impulsó a regresar. Ya no podía permanecer en benevolente ecuanimidad sin comprometer todo lo que conozco, amo y valoro. El imperativo era claro, lo que estaba en juego era muy importante, mi propia identidad estaba en juego... Había sido enceguecido por lo que ví aquí (y en otros lugares), y el camino a Damasco, para mí, me traía nuevamente aquí".

Daniels y su compañero decidieron vivir y trabajar en Alabama por un semestre. Él escribía acerca de su vida cotidiana: "A veces salimos a la calle, otras veces nos aburrimos en reuniones interminables... A veces confrontamos a la patrulla, otras sostenemos a un niño". Ambos regresaron al final del semestre para rendir los exámenes finales, y Daniels visitó a su familia en New Hampshire. Posteriormente, regresó a Alabama mientras su amigo fue a cumplir con un requerimiento de la escuela en Missouri.

En Alabama, Daniels vivió con una familia negra en Lowndes County, donde lo recibieron como si fuera uno de ellos. El condado era reconocido por la violencia con la cual se imponía la segregación. Una mañana, participó de una protesta contra las prácticas discriminatorias y el trato desigual para con los clientes en Hayneville, junto a una treintena de personas, en su gran mayoría jóvenes afroamericanos. La policía estaba lista para arrestarlo. Al mismo tiempo, un grupo de hombres blancos portando armas, garrotes y botellas rotas, se acercó a ellos. Antes de que la situación empeorara, los protestantes fueron arrestados y subidos en la parte de atrás de un camión que solía ser utilizado para llevar basura.

Permanecieron encerrados en el calabozo durante seis días de mucho calor en agosto, sin aire acondicionado, ni duchas, ni baños. Daniels dirigía el canto de himnos y las oraciones e hizo todo lo posible por animar al grupo. En estos días, compartió celda con el renombrado líder de los derechos civiles Stokely Carmichael, que había sido arrestado por otro hecho. A los seis días, Carmichael pagó la fianza y partió hacia Selma. Poco después, los guardias de la cárcel abrieron las puertas de las celdas y les dijeron que se fueran, sin darles ninguna explicación. No se había pedido ninguna fianza.

Se les ordenó evacuar la cárcel y esperar un transporte. Daniels acompañó al sacerdote católico Richard Morrisroe y a dos protestantes negros, Joyce Bailey y Ruby Sales, a comprar un refresco para el grupo en un negocio cercano. No imaginaron tener problemas porque ya habían concurrido grupos mixtos a ese negocio anteriormente. Sin embargo, allí se encontraron con Thomas Coleman, un trabajador de la construcción y asistente policial a tiempo parcial, portando una escopeta. Coleman les ordenó retirarse, pero no les dio tiempo a hacerlo antes de disparar su arma contra la joven Ruby Sales, de sólo diecisiete años. Daniels la cubrió con su cuerpo y murió en el acto. Morrisroe resultó herido, y aun así, Coleman le disparó de nuevo, por la espalda. Tuvo que ser operado durante horas, pero logró sobrevivir. Estos dos hombres decidieron arriesgar sus vidas para proteger a dos jóvenes mujeres porque era lo correcto como cristianos que eran. Coleman fue absuelto por un jurado y murió en el año 1997, con ochenta y seis años de edad. Pero el joven de veintiséis años al que disparó, murió ese día en la misma calle. [120]

Estos tres ejemplos de sacrificio de blancos pertenecen al mismo momento histórico y han sido reconocidos por su entrega y valiente compromiso por los derechos de los demás. Pero, a lo largo de la historia, algunos otros blancos han sido igualmente valientes y se han opuesto a la opresión contra los negros. Seguramente recuerdas al alcalde de Omaha, Ed Smith, de quien hablamos en el capítulo 7, que casi fue linchado cuando intentó impedir el asesinato injusto de un prisionero negro en su ciudad. Eso fue en 1919, pero seguramente ha habido muchos blancos que no han sido reconocidos por su apoyo a los derechos de los negros, pero que supieron ver más allá de los prejuicios y de los malos tratos sufridos a manos de sus pares, y defendieron lo que creían justo, sin tener en cuenta el costo.

Yo quisiera ser como la gente que acabo de describir. Quiero conducirme con el respeto, la compasión y la valentía que ellos mostraron. Quiero acostarme por la noche sabiendo que he hecho lo correcto. En medio de tanta controversia, de la ira y de todos los demás pecados que nuestra sociedad evidencia hoy, Dios nos llama a hacer lo correcto en el momento correcto. Aunque nos amenacen y nos sintamos atemorizados, podemos hacer lo correcto y expresarnos contra las injusticias, sin generar disturbios. Dios ha bendecido a muchos de nosotros de tal manera que podríamos vivir una vida cómoda, lejos de las injusticias que otros enfrentan a diario, pero en lugar de aferrarnos a eso, escogemos hacer algo por los demás. No necesitas ser un clérigo o un alcalde para hacer lo

120 Mary Frances Schjonberg, "Remembering Jonathan Daniels 50 Years after His Martyrdom" ['Recordando a Jonathan Daniels cincuenta años después de su martirio'] Episcopal News Service, Ago. 13, 2015, https://www.episcopalnewsservice.org/2015/08/13/ remembering-jonathan-daniels-50-years-after-his-martyrdom/, and "Jonathan Daniels, Civil Rights Hero," ['Jonathan Daniels, Héroe de los derechos civiles'] Virginia Military Institute, https://www.vmi.edu/archives/genealogy-biography- alumni/featured-historical-biographies/jonathan-daniels-civil-rights-hero/.

correcto; puedes ser un estudiante o un ama de casa. Hacer lo correcto tampoco tiene que ser siempre tan doloroso y costoso. A veces, alguna gente (como Walter Reuther) encuentra mucha seguridad y satisfacción cuando se dispone a invertir su tiempo, sus talentos y sus recursos para hacer de este mundo un mejor lugar. El principal requisito es la voluntad.

¿Por qué seguimos confundidos sobre la raza? Adoptar una postura a favor de los desvalidos involucra poner en riesgo algo. En general lo que arriesgamos no es la vida, como en los casos extremos que hemos visto en este capítulo, pero sí arriesgamos nuestra reputación y adoptar una postura social. Es más fácil y más cómodo ser observadores, o incluso financiar la causa con dinero, que involucrarse activamente en la lucha por la justicia y la igualdad. Al poner nuestra atención en la teología, pidamos a Dios que envíe obreros a estos campos llenos de oportunidades.

10

La mirada de Dios sobre la raza

A lo largo de este libro, hasta este punto, he tratado de demostrar que lo que la gente usualmente define como "raza" es una percepción errónea. Nadie negaría las claras diferencias observables en los rasgos físicos de las personas (tamaño de nariz, tamaño de labios, cabello fino o grueso, y sobre todo, color de piel). Ya de por sí es bastante malo que la sociedad, de alguna manera, haya determinado que algunos de esos rasgos son más deseables que otros como parámetro de belleza. Peor aún es que esos rasgos físicos hayan sido utilizados para determinar que un grupo es más inteligente, capaz o privilegiado que otro.

En los primeros capítulos del libro vimos cómo estas diferencias observables (fenotipos) son engañosos. En realidad, todos los seres humanos, sin importar las diferencias en color de piel, color de ojos, color de cabello, o cualquier otra característica física, se parecen en un 99,9%. El concepto de "raza" es un espejismo y debemos dejar de ver diferencias significativas donde no las hay.

En el capítulo 2, te desafié a asegurarte de que tu teología influencia tu sociología (cómo interpretas tus observaciones y prejuicios), y a no permitir que sea tu sociología la que influencie tu teología. En este capítulo, quiero

examinar en mayor profundidad cómo la teología debiera afectar cómo tratamos las problemáticas raciales. Algunas de estas observaciones ya han ido surgiendo en el texto, pero aquí quiero proporcionar una mirada más cohesiva de las Escrituras y enfatizar la igualdad y el valor de todas las personas delante de un Dios justo y amoroso.

EL PLAN DE DIOS DESDE EL COMIENZO

El relato del libro de Génesis muestra que la humanidad fue creada por Dios a partir de sólo dos personas. Todos tenemos los mismos padres. Todo el tema de la raza está basado en variaciones mínimas ocurridas con el tiempo en nuestro ADN y que no tienen nada que ver con nuestra humanidad. Cualquiera que profese creer en el Señor es parte de la familia de Dios –somos hijos de Dios. Nadie es más o menos importante que nadie en esta familia. "Ya no hay judío ni griego; no hay esclavo ni libre; no hay varón ni mujer; porque todos vosotros sois uno en Cristo Jesús" (Gálatas 3:28).

Después de la Creación, y particularmente después del "reinicio" de la humanidad después del gran Diluvio, las instrucciones de Dios a Noé fueron: "Bendijo Dios a Noé y a sus hijos, y les dijo: Fructificad y multiplicaos, y llenad la tierra" (Génesis 9:1). Sin embargo, vimos en el capítulo 3 que todos los humanos continuaron viviendo en el mismo lugar y hablando el mismo idioma. Luego, en una actitud abiertamente desafiante, comenzaron a construir la Torre de Babel diciendo "hagámonos un nombre, por si fuéremos esparcidos sobre la faz de toda la tierra" (Génesis 11:4). Fue el momento en que la humanidad decidió volverse más poderosa que Dios, ser cómo Dios y ser más importantes que Dios.

Estoy convencido de que uno de los mayores pecados que la gente comete hoy es pretender librarse del Dios ante quien deben responder: un Dios de convicciones, un Dios que les dice cuando están haciendo lo incorrecto, un Dios que define el problema como un pecado. Es difícil para la iglesia hablar claramente del pecado cuando tanta gente justifica sus propios comportamientos y creencias. Pero lo cierto es que Dios sigue siendo soberano sobre la tierra y ha declarado que ciertas acciones constituyen pecado. No tenemos autoridad para ponernos en el lugar de Dios y cambiar lo que Él ha declarado que es pecado.

En respuesta al desafío de la gente con la torre, Dios confundió el lenguaje de la humanidad. Decidió separar, temporalmente, lo que había unido. Entendió que, si cambiaba el lenguaje, cambiaría la cultura, la etnicidad y cómo la gente se relacionaba. Si ya no hablaban el mismo idioma, esto crearía una separación que se volvería segregación. Dios cambió el lenguaje para implementar una separación, que resultó en el surgimiento de distintas etnicidades.

La vinculación afectiva en grupos más reducidos llevó a que la procreación ocurriera dentro de estos grupos. La variedad genética se vio reducida significativamente. Por lo tanto, la similitud cultural, con el tiempo, devino en similitud biológica. Los grupos de gente comenzaron a verse más similares entre sí. Hemos interpretado esas diferencias como raza, pero no lo son. Simplemente son el resultado lógico de un acervo genético limitado. Como estamos comenzando a ver, cuando esos grupos segmentados comienzan a casarse entre sí, dejas de tener una separación biológica y cultural tan marcada.

El punto es que Dios inició la etnicidad a causa de la maldad en los corazones de la humanidad, pero no fue su plan que esto continuara indefinidamente. Él ya había planificado la venida de Su Hijo Jesús a la Tierra como la única solución que podía perdonar y reparar nuestros corazones malvados. Después de haber provisto el remedio para el pecado y la maldad de la gente, Dios podía comenzar a reunir lo que había separado. Cuando estábamos separados por nuestro pecado, Jesús vino a unirnos nuevamente.

También vimos en el capítulo 3 que, en Jerusalén, en el Día de Pentecostés, Dios había reunido gente de todos los lenguajes y etnias y el Espíritu Santo les permitió oír el mismo mensaje en simultáneo (Hechos 2:7-12). Dios nos separó por nuestro propio bien, y luego nos volvió a unir. Yo creo que la llegada del Espíritu Santo en el Día de Pentecostés pretendía erradicar las opiniones y creencias erróneas que nos han mantenido separados. Deberíamos seguir dependiendo del poder del Espíritu Santo mientras nos dedicamos a derribar todo aquello que nos separa y nos divide: racismo, injusticia, cuestiones étnicas, opresión, discriminación y prejuicios.

Una de las últimas instrucciones de Jesús a sus discípulos fue que respondieran al Espíritu Santo: "recibiréis poder, cuando haya venido sobre vosotros el Espíritu Santo, y me seréis testigos en Jerusalén, en toda Judea, en Samaria, y hasta lo último de la tierra" (Hechos 1:8). Está bien celebrar nuestra identidad étnica, pero no el considerar a una como superior a otra. Dios no quiere que apreciemos tanto nuestras distinciones al punto de ignorar nuestra unidad en Cristo Jesús. Toda persona en cualquier continente y de cualquier cultura, es mi hermano o hermana en Cristo. No debo permitir que mi orgullo por mi identidad étnica me impida compartir el amor de Dios con todos.

El apóstol Pablo pone en perspectiva esta maravillosa obra de Dios:

> Por tanto, acordaos de que en otro tiempo vosotros, los gentiles en cuanto a la carne, erais llamados incircuncisión por la llamada circuncisión hecha con mano en la carne. En aquel tiempo estabais sin Cristo, alejados de la ciudadanía de Israel y ajenos a los pactos de la promesa, sin esperanza y sin Dios en el mundo. Pero ahora en Cristo Jesús, vosotros que en otro tiempo estabais lejos, habéis sido hechos cercanos por la sangre de Cristo. Porque él es nuestra paz, que de ambos pueblos hizo uno, derribando la pared intermedia de separación, aboliendo en su carne las enemistades, la ley de los mandamientos expresados en ordenanzas, para crear en sí mismo de los dos un solo y nuevo hombre, haciendo la paz, y mediante la cruz reconciliar con Dios a ambos en un solo cuerpo, matando en ella las enemistades (Efesios 2:11-16).

Éramos gentiles, incircuncisos, estábamos separados, alejados, éramos extraños sin esperanza, sin Dios. ¡Qué lista! No importa cuánto nos alejemos de Dios, Jesús nos puede reconciliar con Él, en primer lugar, y luego con nuestros hermanos y hermanas humanos. Cristo puede resolver el dolor que ha surgido de la opresión y el racismo, y restaurar la relación. Yo sigo emocionado por ser negro y deseo que todos estén contentos de su origen étnico, cualquiera que sea. Pero lo que más nos debería emocionar a todos es que ahora somos "nueva criatura" en Cristo Jesús (2 Corintios 5:17), y que juntos nos convertimos en una nueva etnia en Él. Ahora pertenecemos a la etnia de Dios, lo cual nos relaciona con gente que, tal vez, anteriormente considerábamos extraños o adversarios, simplemente porque nos vemos distintos.

LECCIONES DIFÍCILES

Esta fue la lección que Jonás tuvo que aprender por las malas. La mayoría de nosotros conoce la parte de la historia donde Jonás es tragado por un gran pez, pero muchas veces perdemos el punto de la historia. Dios le dijo que fuera a Nínive a llamar a la gente al arrepentimiento, pero Jonás zarpó en la dirección opuesta, con destino a Tarsis. ¿Por qué desobedeció tan flagrantemente?

Nínive era la ciudad capital de Asiria, que era un enemigo despiadado y cruel de Israel. Un autor que describe el arte asirio que relata la historia de sus guerras dice:

> El arte asirio contiene algunas de las escenas más espantosas que existen. En una escena se muestra cómo le son cortadas las lenguas a los prisioneros, para que, en la etapa posterior de tortura, que era el despellejamiento, no pudieran gritar tan fuerte. En otra imagen se ve cómo un general que se ha rendido está a punto de ser decapitado, y en una tercera imagen los prisioneros deben moler los huesos de sus padres antes de ser ejecutados en las calles de Nínive.[121]

Israel pronto sería conquistada y Jonás no tenía ningún deseo de seguir las instrucciones de Dios: "Levántate y ve a Nínive, aquella gran ciudad, y pregona contra ella; porque ha subido su maldad delante de mí" (Jonás 1:2). Mucha gente supone que Jonás no quería ir por temor a lo que podría pasar si la gente no lo escuchaba. Pero no era el caso. Después de que Dios usara la gran tormenta y el gran pez para que Jonás obedeciera, toda la ciudad de Nínive se arrepintió. Su respuesta molestó a Jonás como revela la oración que hizo:

> "(...) Ahora, oh Jehová, ¿no es esto lo que yo decía estando aún en mi tierra? Por eso me apresuré a huir a Tarsis; porque sabía yo que Tú eres Dios clemente y piadoso, tardo en enojarte, y de grande misericordia, y que te arrepientes del mal. Ahora pues, oh Jehová, te ruego que me quites la vida; porque mejor me es la muerte que la vida" (Jonás 4:2-3).

---

121 Jonathan Jones, "'Some of the Most Appalling Images Ever Created'—I Am Ashurbanipal Review," ['Algunas de las imágenes más espantosas que han sido creadas –I Am Ashurbanipal Review'] The Guardian, Nov. 5, 2018, https://www.theguardian.com/artanddesign/2018/nov/06/ i-am-ashurbanipal-review-british-museum.

Jonás no temía que la gente de Nínive no le fuera a creer; ¡temía que lo hicieran! Cuando comenzaron a arrepentirse, él se rehusó a mostrar un atisbo de compasión por ellos y quería que Dios tampoco lo hiciera. Cuando estuvo dentro del pez, había sido muy agradecido con la misericordia que Dios le había mostrado, pero se mostró consternado cuando Dios extendió su misericordia a los enemigos de Israel.

Encontró un lugar en las afueras de Nínive y se puso cómodo, esperando ver cómo la ira de Dios se desataba sobre la ciudad. Dios proveyó una planta con mucho follaje que brotó para darle sombra, lo cual lo "alegró grandemente". Pero luego Dios envió un gusano que comiera la planta y la matara. El sol azotaba fuerte y Jonás se debilitó. Nuevamente dijo a Dios: "Mejor sería para mí la muerte que la vida" (Jonás 4:5-8). Mientras Jonás refunfuñaba a los rayos del sol, Dios le hizo ver lo obvio: Jonás estaba más preocupado por su propia comodidad que por las vidas de las más de 120.000 personas y sus animales.

La animosidad y hostilidad entre asirios y judíos no era exactamente igual a las desavenencias raciales que vemos hoy, pero la lección es la misma. Cuando alguien nos hace algún mal, ¿oramos pidiendo "justicia" pero deseando revancha? Cuando un adversario se contagia de COVID, ¿nos alegramos u oramos para que Dios sane a la persona?

Si nos enfocamos más en lo que es bueno para "mí" que en lo que es bueno para "nosotros", nunca llegaremos al punto de respeto mutuo e igualdad. No importan los problemas raciales que estemos enfrentando, nuestra teología nos debería llevar nuevamente a la justicia de Dios, Su gracia y misericordia.

Debemos aprender a pedir a Dios que perdone en lugar de desear revancha, sin importar cuán difícil pueda resultarnos. Es cierto que deberíamos tomar posturas audaces en favor de la justicia y oponernos a la opresión, donde sea que se nos presente, pero debemos evitar que nuestras emociones se salgan de control. La Escritura está llena de exhortaciones a perdonar más y recordar cuánto nos ha perdonado Dios. Aquí tenemos un recordatorio de Pablo:

> Y no entristezcáis al Espíritu Santo de Dios, con el cual fuisteis sellados para el día de la redención.Quítense de vosotros toda amargura, enojo, ira, gritería, maledicencia y toda malicia. Antes sed bondadosos unos con otros, misericordiosos, perdonándoos unos a otros, como Dios también os perdonó a vosotros en Cristo (Efesios 4:30-32).

Sé que no es un mensaje popular. A la luz de la injusticia y opresión que muchos de nosotros hemos soportado, es entendible que busquemos justificar nuestro enojo y resentimiento, pero el evangelio nos enseña algo distinto. El evangelio nos llama a todos a volvernos uno en Cristo, nuestro Señor y Salvador.

IDENTIDAD CORPORATIVA

Los estadounidenses, tradicionalmente, se han mostrado orgullosos de ser marcadamente individualistas, pero esa mentalidad puede ser particularmente dañina cuando pensamos en los problemas raciales. Más que enfocarnos en preguntas como "¿qué gano yo?" o "¿qué hice mal?" o "¿a quién ofendí?" Nuestra teología nos recuerda que el pueblo de Dios tiene una identidad corporativa. Aplicaba para el pueblo de Israel en el pasado y aplica a la iglesia en la actualidad.

¿Qué implica la identidad corporativa? Significa que estoy conectado a todos los que me rodean, incluidos sus fallas y pecados. No tenemos problema en orar a Dios pidiendo una bendición corporativa sobre nuestra iglesia, ciudad, nación o mundo. Pero cuando se trata de confesar pecados, tendemos a señalar a aquellos que sentimos que son peores que nosotros.

Cuando Dios preparaba a Su pueblo para sacarlo del desierto y hacerlo entrar en la Tierra Prometida, el primer gran obstáculo era la muralla de Jericó. Antes de entrar en conflicto, Josué advirtió al pueblo, "Pero vosotros guardaos del anatema; ni toquéis, ni toméis alguna cosa del anatema, no sea que hagáis anatema el campamento de Israel, y lo turbéis. Mas toda la plata y el oro, y los utensilios de bronce y de hierro, sean consagrados a Jehová, y entren en el tesoro de Jehová" (Josué 6:18-19).

Pero cuando la ciudad había caído y los israelitas habían ingresado, un hombre llamado Acán tomó doscientas monedas de plata, un lingote de oro y una túnica, y los enterró debajo de su tienda. Nadie se dio cuenta –excepto Dios. La batalla siguiente, contra la ciudad de Hai, debería haber sido una victoria sencilla, sobre todo después de una victoria tan grande como la de Jericó. Pero no. Los israelitas fueron repelidos con facilidad y treinta y seis de ellos murieron en la retirada. Josué estaba consternado y preguntó a Dios qué había ocurrido. Dios le dijo que alguien había tomado cosas que debían ser apartadas para Dios. Para encontrar al culpable, echaron suertes hasta que Acán confesó.

El pecado de Acán había afectado a todo el campamento, como Dios había advertido. Treinta y seis hombres habían muerto y la moral del campamento estaba por el piso, y su gozo por la victoria de Jericó se convirtió en llanto. Las consecuencias fueron severas. Acán y toda su familia (cómplices del robo) fueron apedreados hasta morir (Josué 7). Esto demuestra la importancia que puede cobrar la identidad corporativa. Cuando yo era niño, la gente solía decir: "Debes resguardar el buen nombre de tu familia. No deshonres el nombre de tu familia". Ellos entendían la identidad corporativa y la conexión.

Un ejemplo más positivo de esto mismo es el de Isaías. Cuando Dios lo llamó para que sea su profeta, Dios le mostró la gloria de su Trono rodeado de criaturas celestiales. El momento fue demasiado para Isaías, rodeado de humo, ángeles voladores y adoración tan fuerte que estremecía todo. Él dijo:

> "Ay de mí! que soy muerto; porque siendo hombre inmundo de labios, y habitando en medio de pueblo que tiene labios inmundos, han visto mis ojos al Rey, Jehová de los ejércitos. Y voló hacia mí uno de los serafines, teniendo en su mano un carbón encendido, tomado del altar con unas tenazas; y tocando con él sobre mi boca, dijo: He aquí que esto tocó tus labios, y es quitada tu culpa, y limpio tu pecado. Después oí la voz del Señor, que decía: ¿A quién enviaré, y quién irá por nosotros? Entonces respondí yo: Heme aquí, envíame a mí" (Isaías 6:1-8).

Isaías se identificó con su pueblo. No trató de presentarse como mejor que el resto. Como profeta, seguiría asociándose con los israelitas cada vez más pecadores. Yo también quiero ser un vocero con identidad corporativa para mi pueblo, la iglesia. Quiero hacer todo lo posible por conectar con todos en la familia de Dios. El primer paso es arrepentirme por mis pecados y por los de mi pueblo, dar un paso hacia adelante y pedir la misericordia de Dios. Necesito que Dios purifique mi boca para que mi culpa sea lavada y mi pecado perdonado.

Como hemos visto, Dios nos ha llamado a ir a lo más recóndito de la Tierra a proclamar la verdad del Evangelio. No podemos hacerlo si albergamos sentimientos de racismo y prejuicios. Debemos pedir a Dios que nos libere del racismo. Si tú has sido víctima de racismo y has sido herido, oro por sanidad para tu corazón. Si has estado actuando con maldad y desagradando a Dios, oro que Dios remueva permanentemente el odio y la violencia de tu corazón. Oro que todos aquellos que lean estas líneas sean saturados por el amor de Dios, se arrepientan y experimenten la sanidad de Dios en sus vidas.

Al considerar la visión celestial de Isaías, veamos también una parte de la visión de Juan, registrada en el libro de Apocalipsis:

> Después de esto miré, y vi una gran multitud, la cual nadie podía contar, de todas naciones y tribus y pueblos y lenguas, que estaban delante del trono y en la presencia del Cordero, vestidos de ropas blancas, y con palmas en las manos; y clamaban a gran voz, diciendo: La salvación pertenece a nuestro Dios que está sentado en el trono, y al Cordero (Apocalipsis 7:9-10).

Esta es la visión final de Dios acerca de la raza. Así es como será el cielo. Gente de todas las naciones, tribus y lenguas, juntas frente al trono de Dios. Todos con las mismas ropas. La sangre del Cordero los ha unido como un solo pueblo. Ya sea que resolvamos nuestras diferencias raciales aquí en la Tierra o no, ten por seguro que en el cielo estaremos todos juntos.

DOS OBJETIVOS

Cuando lo desafiaron a determinar el orden de importancia de las leyes de Dios, la respuesta de Jesús fue: "Amarás al Señor tu Dios con todo tu corazón, y con toda tu alma, y con toda tu mente. Este es el primero y grande mandamiento. Y el segundo es semejante: Amarás a tu prójimo como a ti mismo. De estos dos mandamientos depende toda la ley y los profetas" (Mateo 22:37-40).

Si deseamos amar a Dios con nuestro corazón, alma y mente, no podemos tener actitudes racistas ni hacer la vista gorda al respecto. Ni siquiera podemos pretender amar a Dios si no mostramos amor para con nuestros hermanos humanos (1 Juan 4:20-21). El aprender a amar a nuestro prójimo como a nosotros mismos nos pone dos objetivos: (1) llevarnos mejor con nuestros hermanos y hermanas creyentes, y (2) presentar a tantos no creyentes como sea posible –incluidos los "extranjeros y extraños"– el amor, el perdón y la misericordia de Cristo Jesús. Esto es lo que el Señor nos ha llamado a hacer. Es nuestro mandato.

Cada vez que oramos el Padre Nuestro, oramos que la voluntad de Dios sea hecha en la tierra como en el cielo. Nuestro trabajo, como creyentes, es traer el cielo a la Tierra. Esta es la teología que debiera dirigir todo lo demás. Es el camino hacia la sanidad de las heridas del pasado, hacia el cambio de las actitudes incorrectas, y hacia un nuevo compromiso con el perdón y la reconciliación. De otra manera, quedamos limitados a nuestros esfuerzos humanos, y ya hemos visto que eso no resulta.

¿Por qué seguimos equivocados respecto a la raza? Honestamente, para mucha gente, los derechos civiles y las cuestiones raciales son temáticas sociales en lugar de espirituales. Yo considero que debemos abordar este tema desde el punto de vista de Dios. No importa cuán apasionados estemos por la causa, te aseguro que Dios está más deseoso aún de ver una demostración amplia de justicia, rectitud e igualdad entre la gente que Él creó, amó y redimió.

11

Elecciones específicas, pasos valientes (Soluciones)

Yo crecí en Chicago y asistí a la universidad en Illinois, lo cual significa que pasé muchas horas en la autopista interestatal. Muchas veces la policía me detuvo sin motivo aparente o, como muchos dicen en la actualidad "por conducir siendo negro". Cada vez que me ocurrió, la experiencia fue terrible.

Una vez el oficial me pidió mi identificación y se la di de inmediato. Él volvió a su patrulla, verificó mi información, regresó y me dijo: "Por favor, baja del automóvil".

Le pregunté: "¿Cuál es el problema, señor?".

Se puso visiblemente molesto y me gruñó: "¡Baja del vehículo inmediatamente!"

Mientras me bajaba, le dije: "Me gustaría saber de qué se trata".

En lugar de contestarme, me dijo: "Date la vuelta y pon tus manos sobre el techo del vehículo".

Una vez más le pregunté: "Oficial, sólo quiero saber qué es lo que ocurre".

Caminó hasta su patrulla, se inclinó hacia adentro y regresó hacia mí con guantes en sus manos –no del tipo que usas para abrigarte, sino más bien para pelear. Le dije: "Señor, no quiero problemas, sólo pido una explicación".

Volvió a la patrulla y llamó por radio a la central diciendo que estaba teniendo problemas con alguien a quien había detenido y pidiendo refuerzos. En minutos, llegaron cinco patrullas con sus sirenas encendidas. Los oficiales me rodearon. Parecía que estaban listos para acabar conmigo. Entonces, un oficial algo mayor que los demás, de unos cuarenta y cinco años aproximadamente, se me acercó y me dijo sin malicia en su mirada: "¿Cómo estás?"

Le respondí: "Señor, la verdad estoy algo molesto. No entiendo lo que está ocurriendo. No me pueden dar una simple respuesta de por qué me han detenido".

Él me contestó calmadamente: "Parece que tu licencia de conducir se encuentra suspendida".

Yo estaba muy sorprendido. Le dije: "No entiendo cómo pudo pasar. Hasta donde yo sé sigue vigente".

Él preguntó: "¿Qué domicilio figura en tu licencia?"

"El de mi casa en Chicago", respondí.

Entonces me explicó: "Parece que recibiste una multa porque expiró la matrícula de tu vehículo. Imagino que la multa debe haber sido enviada al domicilio de tus padres y debe estar en tu escritorio. Seguramente olvidaron decírtelo y por eso faltaste a la cita en el juzgado. Al faltar a la cita, tu licencia fue suspendida y el juez solicitó tu arresto". Hizo una pausa para que yo pudiera procesar lo que me estaba diciendo y continuó: "Ven conmigo, sube a mi patrulla. Vamos a la estación a resolver esto".

Mientras caminábamos hacia su patrulla, puso su brazo alrededor de mí. De reojo pude ver al oficial que me había detenido furioso con la escena. Saltaba gritándome: "¡Deberías ser arrestado por resistencia a la autoridad! ¡Esto no está bien!"

No podía quitar mis ojos del oficial de policía exaltado, pero en cuestión de segundos, estaba dentro de la patrulla del otro oficial. Cuando llegamos a la estación, se puso en contacto con el juzgado para coordinar una nueva cita para mí y me liberó con mi compromiso de asistir al juzgado.

Por supuesto que todos los oficiales que me rodearon aquel día eran blancos. El primero estaba ansioso por demostrar quién era el jefe. Si tan sólo hubiera cumplido con el procedimiento y me hubiera informado por qué me estaba deteniendo, seguramente hubiéramos podido resolver todo más fácilmente. El otro oficial se interpuso en una situación amenazadora, habló calmadamente, redujo la tensión de la situación y me trató con respeto. Estoy seguro de que recibió todo tipo de improperios de parte del primer oficial, quien seguramente lo criticó y tal vez hasta ensució su reputación. El segundo oficial, aun asumiendo un costo a nivel personal, se rehusó a perfilarme racialmente, se negó a tratar a un hombre negro con sospecha, y decidió mostrarse cortés con alguien que se veía distinto a él.

Años más tarde, cuando apliqué para ser capellán del FBI, me preocupaba mi historial de detenciones, pero el agente que me entrevistó simplemente sacudió su cabeza y me dijo: "Todas estas infracciones fueron sin causa probable. Ambos sabemos de qué se trata. No es un problema para nosotros".

La razón por la cual te cuento esta historia personal es que creo que, en nuestra búsqueda de soluciones para esta división racial tan profunda, debemos comenzar por entender que llega un punto en que una persona no puede hacer mucho más. Honestamente, considero que no había nada más que yo pudiera haber hecho en mi encuentro con el primer oficial, para evitar el arresto. El oficial vio a un hombre negro con un pedido de captura y es lo único que le importaba. Pero cuando otro oficial estuvo dispuesto a escuchar la otra parte de la historia, la verdad emergió y una situación tensa fue resuelta pacíficamente.

Es cierto que hay un límite para lo que cada persona puede hacer, pero si queda alguna esperanza de mejorar las relaciones raciales, depende de que seamos más personas las que hagamos todo lo que podamos, aunque sea poco. La sanidad tiene que comenzar en algún lugar. ¿Por qué no contigo? A continuación, expongo algunas sugerencias para comenzar.

UN AMBIENTE ACOGEDOR

La división racial te puede afectar como parte de la iglesia, como miembro de algún grupo secular o a nivel individual. ¿Cómo comenzamos a cerrar las grietas raciales que han existido durante tanto tiempo? ¿Cómo comenzamos a reflejar un espíritu y una naturaleza más parecida a lo que Dios quiere?

Un ambiente acogedor comienza con la hospitalidad. Muchas veces pensamos en la hospitalidad como una bella ceremonia como recibir a los vecinos para tomar un café y comer una torta. Si bien eso no es incorrecto, es un poco simplista. La hospitalidad es un concepto bíblico que implica un esfuerzo personal, que incluye la amabilidad, la generosidad y una disposición al servicio. La hospitalidad va más allá de nuestras propias familias y amistades y se extiende al extranjero que puede estar en necesidad. Nos motiva a superar las divisiones y a expresar el amor de Dios con intencionalidad, haciendo por otros lo que Dios ha hecho por nosotros. Dios nos amó primero, y nosotros le devolvemos ese amor al amar a otros, al mostrarnos amigos para con otros, al entender el valor de las personas, y al ser dadores.

Debemos dejar de pensar en la gente de nuestras comunidades o aquellos que ocasionalmente visitan nuestras iglesias como simples visitas; debemos tratarlos como huéspedes. Los hoteles no se preparan para las visitas sino para los huéspedes. La hospitalidad implica anticiparse a las necesidades de los otros y mostrarles lo importantes que son a través de nuestro buen servicio y la conversación amigable. Los cristianos y los ministerios cristianos deben volverse una cultura más acogedora, una cultura que se extienda intencionalmente para asegurarse de que todas las personas, sin importar origen étnico o cultura, se sientan afirmadas.

Luego, sobre la base de la hospitalidad, podemos cultivar un espíritu acogedor con la amistad. Tal vez hayas conocido gente que es muy hospitalaria pero nunca demuestra un interés por involucrarse más profundamente. La amistad requiere autenticidad y vulnerabilidad. Con más razón, en las cuestiones raciales, necesitamos algo más que conversaciones superficiales.

A medida que la hospitalidad se extiende y se desarrollan las amistades, podemos ir un paso más allá y mostrar un espíritu generoso y que se preocupa por otros. Por ejemplo, imagínate una iglesia donde no sólo hay personas en la puerta que reciben a la gente, sino que además hay gente en el estacionamiento con pancartas y banderas dando la bienvenida a los visitantes. Imagínate si la iglesia enviara representantes a las comunidades con regularidad para que la gente sepa que esta iglesia los valora y desea su presencia, haciendo un esfuerzo especial por acoger a los pobres, desfavorecidos, indigentes, porque Dios es un Dios acogedor.

En su crucifixión, los brazos de Jesús estaban abiertos mientras colgaba de la cruz, y esos brazos abiertos nos recuerdan Su deseo de abrazar al mundo. Él murió para que el mundo pudiera recibir vida y vida en abundancia. Nosotros también deberíamos estar más dispuestos a cultivar una cultura que acoja a toda la gente, tanto a nivel individual como a nivel colectivo, como iglesia. Podemos iniciar conversaciones y hacer preguntas que nos ayuden a entender mejor lo que hace que la gente se sienta bienvenida y lo que los atrae de nuestra vidas y ministerios.

¿Qué hace que la gente se sienta atraída hacia ti? Algunas personas tienen un espíritu naturalmente acogedor y trabajan duro para desarrollar una cultura auténticamente acogedora. Otros se conducen de forma tal que su lenguaje corporal impide que las personas se acerquen demasiado. Algunos piensan: simplemente soy así. Soy una persona seria. Lo cierto es que es un comportamiento adquirido. Mucha gente no se da cuenta de cuánto tiempo pasa con el ceño fruncido y las oportunidades que se pierden porque los demás no se animan a acercarse.

Debemos ser intencionales en desarrollar una cultura acogedora que incluya la disposición a recibir críticas constructivas. Si la gente no se anima a hacer sugerencias o a decirte cuando, sin querer, puedes haber hecho algo mal, es un indicador de que estás alejando a la gente y no estás teniendo un espíritu acogedor. Si no estás seguro, es fácil comprobarlo. Puedes comenzar por decir a algunas personas que conoces bien: "¿Sientes que tengo una cultura acogedora? ¿Te sientes bienvenido cuando entras en contacto conmigo?" Luego puedes hacer la pregunta más difícil: "¿Cómo crees que me relaciono con extraños o con gente que no se parece a mí? ¿Crees que los hago sentirse cómodos y les hago sentir la presencia de Dios?

Es probable que, antes de continuar dando pasos hacia la resolución de las tensiones raciales, debamos derribar muros que llevan años en su lugar. Una de las divisiones más grandes que vemos en las Escrituras es entre los judíos y los gentiles. Siglos de historia y tradición los habían separado cada vez más. Sin embargo, la muerte sacrificial de Jesús posibilitó la reconciliación:

> Él es nuestra paz, que de ambos pueblos hizo uno, derribando la pared intermedia de separación, aboliendo en su carne las enemistades (la ley de los mandamientos expresados en ordenanzas), para crear en sí mismo de los dos un solo y nuevo hombre, haciendo la paz, y mediante la cruz reconciliar con Dios a ambos en un solo cuerpo, matando en ella las enemistades (Efesios 2:14-16).

La versión Reina Valera se refiere al "muro de hostilidad" como "la pared de separación". En nuestro trato con otras etnias, algunos perciben mucha menos hostilidad que otros, pero la mayoría debemos admitir que aún hay paredes en pie que debemos derribar. Una buena manera de comenzar a derribar la pared de separación entre tú y otros es siendo amigable y generoso, para luego desarrollar un espíritu consistentemente acogedor.

UNA ESTRATEGIA CULTURAL

Luego de crear una atmósfera acogedora, podemos comenzar a desarrollar una estrategia cultural. Esto comienza entendiendo el coeficiente de inteligencia cultural (CQ). Tal vez estés familiarizado con lo que es el coeficiente intelectual, un número que se obtiene a partir de un examen especialmente diseñado a tal fin. Del mismo modo, el CQ es una evaluación similar pero que apunta a la cultura en lugar de a la inteligencia. Es una medida de nuestra capacidad de generar una conexión cultural con otras personas. Entender y respetar otras culturas es relevante por varias razones. Aquí presento un ejemplo de cómo puede afectar a las interacciones en ámbitos empresariales:

En aeropuertos internacionales como el de Heathrow ves carteles que publicitan al banco HSBC, mostrando un saltamontes y un mensaje:

Estados Unidos –Plaga.

China –Mascota.

Tailandia del Norte –Bocadillo.

La cultura es tan poderosa que puede afectar hasta cómo se percibe a un insecto. No nos debería sorprender que las acciones humanas, gestos y formas discursivas que una persona encuentra en un negocio internacional estén sujetos a una variedad de interpretaciones aún mayor. Interpretaciones que a veces pueden generar malos entendidos e imposibilitar la cooperación. Pero ocasionalmente, hay personas que parecen tener una habilidad natural para interpretar los gestos ambiguos y desconocidos como lo haría la gente que conoce la cultura y hasta son capaces de repetirlos. Es a esto a lo que llamamos inteligencia cultural o CQ…

La inteligencia cultural está relacionada con la inteligencia emocional, pero continúa allí donde la inteligencia emocional termina. Una persona con una alta inteligencia emocional interpreta lo que nos hace humanos y lo que nos hace diferentes los unos de los otros. Una persona con alta inteligencia cultural puede, de alguna manera, detectar las facetas del comportamiento de una persona o un grupo que son comunes a todas las personas o grupos, identificar aquellas peculiaridades inherentes a la persona o grupo en particular, y aquellas que no son ni universales ni idiosincráticas. El vasto mundo que yace entre estos dos extremos es lo que llamamos cultura. [122]

Si las empresas entienden la importancia de comprender y respetar a las otras culturas y etnias, cuánto más deberíamos nosotros estar dispuestos a hacer lo mismo para reducir la tensión racial en nuestra sociedad. Debemos tender puentes que nos permitan acercarnos a otros grupos culturales, conversar con ellos, conectar con ellos y reconocer su valor. Uno puede valorar a una persona sin, necesariamente, apoyar sus actitudes, comportamientos y creencias religiosas. Esa habilidad de conectar con gente de distintas culturas es el CQ.

Pero, ¿cómo se hace? La mayoría de nosotros tenemos más oportunidades para mejorar nuestro CQ de las que nos percatamos. Cada vez que asistas a un taller o a una clase, busca oportunidades de iniciar conversaciones con gente de otras culturas. Comprométete a involucrarte regularmente en un grupo civil, un club de lectura, una organización benéfica, o un ministerio en la iglesia que te ponga en contacto con gente fuera de tu círculo de amigos. Diversifica la selección de películas y programas de televisión que ves. Algunas de las películas ganadoras de Oscar recientes ofrecen miradas reveladoras de otras culturas. Cuando comiences a ver lo beneficioso que es entender y valorar los trasfondos de otras personas, notarás cada vez más oportunidades de exponerte a realidades culturales fuera de tu propia experiencia personal.

Mientras más te conectes con gente distinta a ti, más crecerás espiritualmente. Los mayores desafíos llegan cuando conoces gente tan distinta a ti que necesitas que tu amor crezca. Es mucho más fácil amar a alguien que ya te conoce y te entiende, y que usualmente también te ama a ti. Eso nos hace pensar que estamos bien. Pero cuando comienzas a encontrarte con gente nueva y con situaciones desconocidas, te das cuenta de que todavía debes crecer.

Incrementar tu CQ también puede ayudarte a mejorar tu capacidad de gestionar –te lleva más allá de la simple resolución de conflictos. Algunas situaciones no serán resueltas, razón por la cual tienes que aprender a gestionar el conflicto. Para empezar, es difícil gestionar un conflicto que no entiendes. Gestionar el conflicto requiere más habilidad cuando estás tratando con gente que piensa y actúa distinto a ti, y expresa sus emociones de otra manera.

122 P. Christopher Earley and Elaine Mosakowski, "Cultural Intelligence" ['Inteligencia Cultural'] Harvard Business Review, Octubre, 2004, https://hbr.org/2004/10/cultural-intelligence.

La gestión de conflictos es un aspecto crucial en el desarrollo de una estrategia cultural. He visto que es muy útil en el marco de una iglesia. La iglesia debe crear medios formales para enseñar a la gente a interactuar y aprender los unos de los otros, lo cual también requiere una estrategia para el abordaje y la resolución de los conflictos –en particular, entre personas de distinto trasfondo cultural.

Las iglesias necesitan tener mecanismos que les permitan responder a los conflictos que surgirán de vez en cuando. Para algunos puede resultar difícil, pero la gestión del conflicto muchas veces implica confrontar a alguien. La confrontación no implica ira ni enojo, ni la imposición de la voluntad de uno sobre el otro, o la búsqueda de una pelea. Significa que no podemos ignorar las injusticias simplemente para evitar la situación incómoda que genera la confrontación. Si observamos hechos de racismo, opresión u otros pecados relacionales, debemos hacer todo lo que podamos para restaurar la santidad y la justicia.

Recientemente, participé de una reunión donde alguien comenzó a hacer comentarios despectivos con respecto a una nación. No era mi nación, ni de donde es mi gente, pero sus declaraciones eran falsas e injustas. Yo respondí: "Yo considero que es inapropiado representar a toda una nación y sugerir que todos actúan de una sola manera. Eso sería como decir que es algo que está en su ADN, y eso significaría que Dios los creó así". Se cambió de tema y la reunión continuó. No sé si cambié la opinión que esa persona tenía en lo más mínimo, pero yo sentí que debía decir algo y refutar lo que estaba diciendo.

ABRAZA UNA VISIÓN PIADOSA

Al crear una atmósfera acogedora y desarrollar una estrategia cultural, comenzamos a modelar lo que significa abrazar una visión piadosa. Cuando la gente está en conflicto, lo piadoso es lo último en su mente. Se pueden enojar cuando alguien habla un idioma que no comprenden, o cuando se visten o se ven distinto de lo que se considera "normal", o cuando tienen costumbres que no necesariamente son incorrectas, sino distintas. Su confusión y frustración les hace desenfocarse de la voluntad de Dios y la gloria de Dios. Es en estas situaciones que debemos recordar que todos hemos sido creados a la imagen de Dios, es cuando debemos abrazar una visión piadosa con respecto a cómo vemos y entendemos a los demás.

Pablo lo expresó así:

> Por lo cual, siendo libre de todos, me he hecho siervo de todos para ganar a mayor número. Me he hecho a los judíos como judío, para ganar a los judíos; a los que están sujetos a la ley (aunque yo no esté sujeto a la ley) como sujeto a la ley, para ganar a los que están sujetos a la ley; a los que están sin ley, como si yo estuviera sin ley (no estando yo sin ley de Dios, sino bajo la ley de Cristo), para ganar a los que están sin ley. Me he hecho débil a los débiles, para ganar a los débiles; a todos me he hecho de todo, para que de todos modos salve a algunos. Y esto hago por causa del evangelio, para hacerme copartícipe de él (1 Corintios 9:19-23).

¡Es a esto a lo que me refiero con abrazar una visión piadosa! A veces queremos presentar el evangelio, pero no nos tomamos el tiempo de entender a la persona que está necesitando del evangelio. Mientras mejor conozcamos a alguien, más efectiva será nuestra presentación del evangelio.

Abrazar una visión piadosa implica también reconocer la conexión de cada persona con Dios. *Imago Dei* es el término griego que significa “imagen de Dios”, y es una frase que aplica a todo ser humano. Por diferentes que seamos, todos los humanos tenemos la misma sangre roja, los mismos órganos internos y la misma constitución genética. ¿Por qué? Porque Dios creó al primer par de humanos a Su imagen (Génesis 1:27), y todo humano, hasta el día de hoy, lleva esa misma imagen. Esa conexión que tenemos con Dios y con todos los humanos, es algo a celebrar.

Un segundo aspecto de abrazar una visión piadosa es hacer justicia para todos. Cuando vemos alguna injusticia que afecta a alguna persona, debemos intervenir y hacer todo lo que podamos para terminar con la injusticia. La iglesia está en una posición privilegiada para reaccionar ante la injusticia, para organizar una marcha hacia el ayuntamiento, para hacer presentaciones grupales, y para ser una demostración de lo que es justo. Como individuos debemos hacer lo mismo, pero lo cierto es que como iglesia representamos un número mayor. No podemos dejar que la injusticia siga su curso.

La justicia es algo que debemos compartir. No es suficiente reclamar la justicia para uno mismo; también debemos anhelar que todos reciban justicia. Mucha gente habla fuerte y muy seguido acerca de la justicia y la igualdad, pero la vida no ofrece estos platillos. En general, depende de nosotros asegurarnos de que haya justicia para quienes están siendo oprimidos o atacados por otros, porque hemos entendido que ellos representan la imagen de Dios.

A veces estamos demasiado ocupados o enfocados en nosotros mismos para mostrarnos amigos para con alguien de otra etnia. En cambio, nos conformamos con relaciones superficiales. Permanecemos dentro de nuestra zona de comodidad y nunca nos aventuramos a conocer cómo viven, trabajan y se relacionan en otras culturas. Tememos el conflicto y nos llamamos al silencio. Lo peor es que somos tan cortos de vista que nunca vemos a las personas como Dios las ve: tan amados y valiosos como nosotros. Debemos crear una atmósfera acogedora, desarrollar una estrategia cultural y abrazar una visión piadosa. Cuando lo hagamos, veremos ocurrir muchos cambios necesarios.

¿Por qué seguimos confundidos sobre la raza? Muchas veces es porque queremos hacer algo, pero no sabemos cómo comenzar. Espero que las sugerencias de este capítulo te den un buen punto de partida para comenzar a hacer cambios positivos en tus relaciones con gente de otras etnias.

12

Examen final (Pregúntate a tí mismo)

Si has llegado hasta este punto del libro, aplaudo tu disciplina y persistencia. Entiendo que mucha gente, tal vez, hubiera preferido haber saltado directamente a las soluciones propuestas y a las respuestas cortas y fáciles para las desavenencias raciales que siguen siendo motivo de división. Yo, en cambio, quería que vieras cómo fue que esos problemas surgieron. Si ves cuán impregnados están en nuestra sociedad, dejarás de pretender soluciones cortas y fáciles. Encontrar soluciones que perduren no es fácil ni rápido.

A esta altura, has leído varias "lecciones" con información de contexto: biología, sociología, teología y otras. (La clase de historia fue particularmente larga y repleta de eventos importantes, aunque la limitación de espacio nos obligó a excluir muchos otros. Espero que sigas leyendo e investigando, por tu cuenta, acerca de tu pasado cultural, cualquiera que sea).

La razón por la cual escogí este enfoque es que creo que es la mejor manera de llegar a la raíz de los problemas raciales que experimentamos. En medio de todos los desacuerdos, las dificultades y las distintas opiniones acerca de cómo proceder, espero haberte ayudado a tomar decisiones informadas al respecto. Puede que no tengas todas las respuestas que buscas, pero deberías tener un mejor entendimiento del problema.

Hemos visto que la "raza" no es una separación de especies. La raza no es la identificación de diferencias biológicas que nos ubica en distintas clases de humanos. Lo cierto es que la "raza" está basada en algunas diferencias minúsculas en los rasgos de las personas, que no tienen nada que ver con quiénes son, cómo piensan o cómo se comportan. No hay ninguna biología que determine esto, por lo que debemos entender la raza como lo que es. La raza es algo que podemos utilizar para identificarnos a nosotros mismos, pero no debiera ser utilizado por otros para identificarnos a nosotros. En otras palabras, tú puedes identificarte a ti mismo como dentro de ciertas líneas raciales, pero yo nunca debería tratar de decirte quién eres, basado en la raza. Puede que muchos de nosotros debamos hacer algunos ajustes acerca de lo que entendemos que es la raza. Dios nos creó a todos a Su imagen y las diferencias biológicas son mínimas. Todos somos hermanos y hermanas, sin importar el color de piel o cualquier otra variación física.

En este capítulo, te animo a hacer una autoevaluación sincera y honesta. He escuchado a la gente decir que las minorías no pueden ser racistas pero es una falacia. Cualquiera puede ser racista y debemos ser honestos al respecto. Dudo que algún lector vaya a reconocerse abiertamente racista, pero sospecho que muy pocos podrían negar tener la más mínima inclinación racista. El propósito de esta autoevaluación es ver dónde te encuentras en el espectro del racismo. La primera sección te pide que revises tu pasado, la segunda trata acerca de tu presente y la tercera te permite planificar cómo reducir o eliminar el racismo de tu vida.

Toma el tiempo que sea necesario para pensar acabadamente cada respuesta. Sé específico y presenta tantos ejemplos específicos como puedas. (Puedes encontrar más preguntas en inglés en el *Personal Self-Assessment Exercise* publicado en el sitio web de la Liga contra la Difamación [Anti-Defamation League]. Yo he adaptado el material de ellos y he añadido algunas observaciones mías).[123]

EXAMEN FINAL PARTE 1: TU PASADO

1) ¿En qué medida he buscado, intencionalmente, conocer más acerca del aspecto racial?

   ¿Has buscado información acerca de otras culturas? ¿Es información creíble o sólo habladurías de otros?

123 "Personal Self-Assessment of Anti-Bias Behavior," ['Autoevaluación personal anti sesgo']Anti-Defamation League, 2007, https://www.adl.org/sites/default/files/documents/assets/pdf/education-outreach/Personal-Self- Assessment-of-Anti-Bias-Behavior.pdf.

2) ¿He analizado la forma en que he sido criado para ver si ha habido sesgos? ¿Has analizado, objetivamente, lo que te han enseñado tus padres y parientes? ¿Está influenciada tu manera de pensar y conducirte por algunas mentiras o medias verdades acerca de otras etnias?

   En una ocasión, yo formaba parte de un panel que entrevistaba a una joven mujer para un puesto de trabajo en el área contable. Parecía muy calificada para el puesto, pero al finalizar la entrevista, la persona que me estaba asistiendo en la entrevista me dijo: "Tengo un problema con ella". Pregunté: "¿A qué te refieres? ¿Dijo algo malo? ¿Me perdí de algo importante?"

   Me quedé atónito cuando me dijo: "No creo poder trabajar con alguien con un punto en la cabeza" (refiriéndose al bindi o punto en la frente que utiliza la gente de una parte de la India). Esta persona escogió discriminar, sin importar lo calificada que estaba la joven para el puesto y la diversidad que hubiera aportado al equipo. No creo que su comentario surgiera de la nada. Tampoco creo que su pensamiento hubiera surgido en su adultez. Sospecho que sus padres le inculcaron ese sentimiento acerca de la gente de India, lo cual creó en ella un sesgo y un racismo del cual tal vez ni se dio cuenta. Confronté directamente a mi compañera de equipo acerca de lo racista de su comentario y recomendé que la joven fuera contratada para el trabajo. Y así fue.

3) ¿He combatido las actitudes racistas de otros? ¿O he contribuido a las mismas?

   A algunas personas les toma más tiempo que a otras empezar a reconocer las actitudes racistas y oponerse. Debemos convertirnos en puentes de rectitud y santidad, no sólo "bypass" que ignoren el problema. Si vemos una actitud racista y nuestra respuesta es ignorarla, reírnos o sonreír, estamos contribuyendo al problema.

   No es suficiente con no ser racista; debemos ser anti-racistas. Cuando oímos que alguien dice cosas difamatorias de otros, debemos animarnos a responder como corresponde. Cualquier ataque contra un hermano o hermana es un ataque contra Dios, el Creador. Cuando denigramos el arte, estamos criticando al artista.

4) ¿He analizado si mi lenguaje incluye vocabulario hiriente?

   ¿Sueles decir cosas como "todos los blancos son así" o "todos los negros son así"? Lo que para ti puede ser algo usual o sin importancia, para otros puede sonar racista.

   Antes de viajar a Alemania estaba algo preocupado por cómo sería tratado allí, siendo afroamericano y basándome en su historia. Mis temores racistas prejuiciosos influenciaron mis pensamientos y mi forma de hablar acerca de Alemania y los alemanes. Al final, Alemania resultó ser el país de Europa, de los que visité, donde mejor me trataron. Cuando llegué, me ayudaron a comunicarme a pesar de las diferencias idiomáticas e hicieron todo lo posible por hacerme sentir bienvenido. Fueron excelentes anfitriones de este ciudadano americano negro, así que mis preconceptos y mi lenguaje al respecto de ellos, estaban absolutamente errados.

   Aprendí mucho con esa experiencia porque me permití aprender y cambiar algunos preconceptos errados que tenía.

5) ¿He evitado estereotipar en base a una identidad grupal?

   ¿Alguna vez has juzgado a todo un grupo étnico, basado en las acciones de unos pocos? ¿Alguna vez has tenido un conflicto con una persona y has reflejado tu enojo o frustración para con todas las personas que se ven como esa persona? En ese caso, te propongo un razonamiento. Imagina que estás detenido en un semáforo y un auto rojo te choca desde atrás. ¿Piensas, a partir de este hecho, que todas las personas que conducen un automóvil rojo son conductores descuidados? Claro que no. Sin embargo, a veces permitimos que una mala experiencia con una persona de otra nacionalidad o cultura, influya nuestras actitudes para con todo un país o un grupo de personas. No tiene ningún sentido, pero ocurre frecuentemente.

EXAMEN FINAL PARTE 2: TU PRESENTE

Habiendo observado las posibles tendencias racistas de tu vida hasta este momento, considera las siguientes preguntas acerca de tus actitudes y conductas actuales.

1) ¿Valoro las culturas de otras personas?

   Antes de opinar rápidamente acerca de lo que otras culturas comen o hacen, ¿estudias para entender su cultura y valorar lo positivo? Por supuesto que puede ocurrir que te encuentres con creencias o prácticas que vayan abiertamente contra tus propias creencias espirituales y lo que entiendes de las Escrituras, y no puedes estar de acuerdo con todo. Sin embargo, muchas veces la gente ve prácticas que no entran en conflicto con sus creencias, pero, de todos modos, se apresura a tildar la cultura de "rara". Hagamos lo posible por valorar las experiencias y prácticas de otros, y de respetarlos.

2) ¿Me siento cómodo hablando de racismo?
Hablar del aspecto racial puede ser algo sensible, emocional e incómodo, pero el tema no debiera ser ignorado. Habla con otros acerca de la raza. Averigua cómo se sienten. Si se enojan, no tienes por qué ser parte de su enojo, pero, en general, tu interés abrirá algunas puertas que te permitirán fortalecer las relaciones.

3) ¿Estoy abierto a recibir comentarios acerca de mi conducta?
¿Siente la gente que puede acercarse y decirte cuando creen que has dicho algo insensible o que te pudieras haber expresado de mejor manera acerca de un tema controversial? Algunos no tenemos ninguna intención de ser racistas pero utilizamos términos o comentarios que son ofensivos para otros. A veces, al mudarte de una región del país a otra, el vocabulario que era aceptable en un lugar es ofensivo en otro. ¿Estás abierto a que te digan que puedes estar hiriendo a otros con tus palabras y tus actitudes, incluso sin saberlo?
En una ocasión, fui designado para una posición y la respuesta que recibí de alguien que no era afroamericano fue: "Te felicito por ser un ejemplo positivo de la Acción Afirmativa". Por supuesto, a mí el comentario me pareció desacertado. Sentí que lo que me estaba diciendo era que la única razón por la cual había obtenido el puesto era porque era una persona de color, y no por mis aptitudes. Mi respuesta fue preguntarle si conocía a alguien más calificado para el puesto. Cuando no pudo responder le dije que sentía que su comentario había estado fuera de lugar. Él se disculpó inmediatamente y me aseguró que no tenía ninguna intención de que el comentario fuera interpretado de esa forma. (No sé de qué otra manera se podría haber interpretado, pero por lo menos había obtenido un pedido de disculpas y generado una reconciliación).

4) ¿Soy una voz para los oprimidos?
   Cuando ves a otros siendo maltratados, ¿te involucras para ver que el problema se resuelva y haya justicia, o permaneces en silencio? Cuando eras un niño, pudo haber sido intimidante levantarse contra el acosador de la escuela, pero ya eres un adulto. Si no estás reaccionando al ver la opresión de otros, debes encontrar una manera de hacerlo y de traer la justicia de Dios ante una situación injusta.
5) ¿Soy un abogado de la Biblia?
   También te puedes encontrar en situaciones que no tienen nada que ver con la opresión, por ejemplo, en situaciones donde es necesario que sea escuchada la opinión de Dios y que quede claro cuál es la voluntad de Dios. ¿Hablas claro en estas circunstancias? La Biblia dice: "Así que, los que somos fuertes debemos soportar las flaquezas de los débiles, y no agradarnos a nosotros mismos. Cada uno de nosotros agrade a su prójimo en lo que es bueno, para edificación" (Romanos 15:1-2). ¿Cómo te va con eso?

EXAMEN FINAL PARTE 3: TU FUTURO

A esta altura no hay nada que puedas hacer con respecto a tu pasado; sólo aprender de él. Una valoración honesta de tus pensamientos y actitudes actuales puede demostrar si te estás volviendo más sensible a los aspectos raciales o volviendo a las viejas costumbres. Ahora bien, planificar el futuro te permite asegurarte de reconocer y combatir las tensiones raciales que surjan. A continuación, presento algunos compromisos que puedes asumir para volverte un agente dispuesto a promover la justicia divina para todos.

1) ¿Tendrás una visión no egoísta de la justicia?
   Muchas veces se representa a la justicia como una figura femenina que sostiene una balanza que representa el equilibrio y la justicia de las cosas. Sus ojos están vendados para que no pueda favorecer a uno u otro lado. En cuestiones raciales, deberíamos estar vendados para no responder a nuestros propios sesgos y sólo tener en cuenta la perspectiva de Dios. ¿Está tu deseo de justicia, enfocado sólo en lo que es mejor para ti...o en lo que conviene a todos los involucrados?

La desigualdad racial muchas veces está determinada por factores económicos. ¿Cómo respondes cuando ves gente en dificultades? Quienes están en posiciones de privilegio en la sociedad puede ayudar a quienes muchas veces son pasados por alto, ofreciendo apoyo financiero, mentorías y otras formas de asistencia personal. Sin ayuda, mucha gente pobre se pierde en el sistema. ¿Incluye, tu visión del futuro, una preocupación por los engañados, los pobres, los huérfanos, las viudas y demás personas en necesidad? Cuando alguien está siendo víctima de una situación, a Dios le importa. A nosotros también debiera importarnos.

2) ¿Comenzarás a ser inclusivo como la Biblia enseña?

Al combatir el racismo la situación se puede politizar, lo cual no necesariamente se alinea con las enseñanzas de las Escrituras. Sin embargo, Dios llama a los creyentes a atender las necesidades de "los más pequeños". Nos desafía a buscar a los olvidados y a aquellos que no podrían devolvernos lo que invirtamos en ellos. Dios utiliza a la gente dispuesta para alcanzar a los que son pasados por alto, despreciados, deprimidos y desdichados. Podemos demostrar el amor de Dios dando regalos anónimos a la gente que los necesita. A eso me refiero con ser inclusivos como enseña la Biblia.

3) ¿Representarás tu fe con símbolos apropiados?

¿Qué piensas cuando ves una estrella de David y una menorá? ¿Una luna creciente y una estrella? ¿Un círculo del yin-yang? Los vemos en joyas, placas conmemorativas, pegatinas en automóviles, tatuajes, en todas partes. De hecho, este tipo de símbolos está tan de moda que muchas veces lleva a que haya mensajes contradictorios. Si encierras a alguien en el tráfico y ve que tienes una pegatina cristiana en el paragolpes trasero, ¿qué puede pensar? Cuando alguien visita tu casa, ¿se da cuenta de que tu hogar es cristiano? Al interactuar con otras culturas, ¿estarás consciente de los mensajes no verbales que envías?

4) ¿Buscarás los beneficios de la diversidad?

Conocer las ventajas de las diferencias ayuda a sobreponernos al racismo. Hay muchos beneficios que surgen de conocer los puntos de vista de otras culturas: mayor productividad al aprender nuevas y distintas maneras de hacer las cosas, creatividad al ver nuevas perspectivas que nos impulsan a probar algo nuevo, y mucho más. Pero es improbable que obtengamos este tipo de conocimiento si no lo buscamos intencionalmente.

5) ¿Verás a los otros como Dios los ve?
Dios ve cualidades y dones en la gente que nadie más ve. Si vemos la imagen de Dios en ellos, los veremos distinto. Dios no sólo nos ve hoy; ve también nuestro mañana. Dios no sólo ve nuestras fallas; ve también nuestra redención. No sólo ve nuestra ruina; también ve nuestra reconstrucción. Él ve lo que llegaremos a ser, no sólo lo que hemos hecho de nosotros mismos en el pasado.
Al ver a quienes no se parecen a tí, ¿pedirás a Dios que te permita ver como Él ve? ¿tratarás de ver Su divinidad en ellos? ¿Te esforzarás por ver el potencial en ellos?

C.S. Lewis escribió:

> Es algo serio vivir en una sociedad de posibles dioses y diosas, recordar que la persona más aburrida y menos interesante con la que puedas hablar quizá un día sea una criatura a la cual, si la vieras ahora, te sentirías fuertemente tentado a adorar; o, por otro lado, sería un horror y una corrupción tal que ahora solo te la encontrarías, en todo caso, en una pesadilla. Todos los días, en algún grado, nos ayudamos los unos a los otros a encaminarnos hacia uno u otro de estos destinos.[124]

UNA ÚLTIMA LECCIÓN

Quisiera cerrar esta mirada a la raza con una historia real. No es un final particularmente feliz para este libro, pero creo que es relevante.

Un día un hombre joven (a quien llamaré Randy) tocó el timbre de nuestra casa parroquial en Chicago. Apenas abrí la puerta me di cuenta de que estaba en problemas. Me contó que vivía en una zona fea de la ciudad y que había estado involucrado en pandillas, lo que lo había llevado a una vida de drogadicción y violencia. Dijo querer enderezar su vida.

Al compartir tiempo con él, Randy entregó su vida a Cristo y nosotros lo acompañamos en oración. Yo quería encontrarle un lugar en nuestra iglesia y, para mi sorpresa, me dijo que tocaba el órgano. Nuestra gente se mostró algo sospechosa de él al principio, pero llegó a amarlo al poco tiempo. En nuestro

124 C. S. Lewis, *El peso de Gloria* (New York: HarperCollins, 1916).

ambiente amoroso y de apoyo, él creció en la fe. Estaba profundamente agradecido por la oportunidad de comenzar una nueva vida con la gente de nuestra iglesia y era muy leal a nosotros.

A veces, cuando los directivos de la Oficina Internacional de nuestra denominación venían a enseñar y predicar en nuestra iglesia, Randy se sentaba en el órgano y tocaba en sus servicios. No tenía formación musical; tocaba de oído. Sólo necesitaba oír una canción una vez y la podía tocar.

En ese tiempo, yo tenía una empresa de seguridad en Chicago y Randy mostró interés en trabajar en ese campo. Aunque había estado involucrado en pandillas, nunca había sido arrestado por lo que su historial estaba limpio. Fue entrenado y comenzó a trabajar como uno de nuestros oficiales de seguridad. Lo disfrutaba mucho y pronto decidió convertirse en oficial de policía.

Antes de que pudiera ir a la Academia de Policía, estaba trabajando una noche cuando algunos hombres alborotados ingresaron y causaron una perturbación. Randy y algunos compañeros intentaron detenerlos y acompañarlos a la puerta. Uno de los hombres volvió a ingresar con un arma y comenzó a disparar a la gente. Randy intentó detenerlo. Cuando el tirador salió por la puerta, Randy lo siguió con su pistola enfundada porque estaba entrenado para valorar la vida humana. Alcanzó al hombre, lo derribó y le quitó su arma. Lo sometió y lo estaba sosteniendo hasta que llegara la policía.

Eventualmente, una patrulla llegó. A esta altura, la situación estaba bajo control, pero el policía ingresó al edificio con su pistola desenfundada. Se subió sobre la barra y gritó amenazante apuntando la pistola hacia los presentes. Todos estaban aterrados. Alguien le informó que el tirador ya había salido del lugar. Cuando salió vio a Randy sosteniendo al agresor que gritaba. Otros oficiales llegaron al lugar. El oficial blanco apuntó su arma hacia Randy y comenzó a gritarle. La gente que estaba allí comenzó a gritar que él era el personal de seguridad que había detenido el ataque, pero, sin advertencia previa, el oficial disparó a Randy en la espalda múltiples veces. Randy murió en cuestión de minutos.

Este evento fue desgarrador para mí. Randy había hecho todo lo que todos nosotros desearíamos que un hijo o amigo descarriado hiciera –se arrepintió, conoció a Jesús y encontró un sentido y una esperanza en una comunidad de creyentes. Había planeado dedicar su vida a evitar los crímenes, pero, antes de poder hacerlo, acabó siendo víctima de uno. Ese día había protegido heroicamente a gente inocente y había detenido pacíficamente al agresor en lugar de dispararle. Su muerte fue tan sinsentido, tan innecesaria y tan trágica.

Yo oficié el funeral de Randy. Fue uno de los días más tristes de mi vida. Estoy seguro de que él murió sólo porque el oficial blanco tenía un sesgo incorporado que afectó su percepción de la situación. Él supuso que el negro de la escena debía ser el criminal, no el valiente pacificador. Y decidió utilizar fuerza letal en lugar de tomarse el tiempo de hacer preguntas para determinar cuál era la verdad.

Desearía que estos sesgos y estas presunciones falsas fueran en disminución, pero me temo que no es así. Todos vemos nuevos titulares como éste, muy frecuentemente. Así que, aunque he tratado de ofrecer explicaciones de por qué seguimos confundidos sobre la raza y proponer algunas estrategias optimistas para mejorar las relaciones entre blancos y negros, no quiero pintar un cuadro donde todo parezca color de rosas. Todavía queda mucho por hacer. Todavía necesitamos involucrarnos y lograr mejoras donde podamos. Pero al hacerlo, casi puedo garantizarte que serás maltratado en algún punto.

Por lo tanto, en nuestro esfuerzo por servir a Dios, recordemos que algún día disfrutaremos una igualdad absoluta en Su reino. Mientras tanto, tratemos de dejar de lado tanto resentimiento y frustración como sea posible, mientras trabajamos para traer mayor rectitud y paz a este mundo.

Bibliografía

"A Horrible Lynching," ['Un linchamiento horrible'] net: Nebraska's PBS & NPR Stations, Accessed Nov. 17, 2020. http://www.nebraskastudies.org/en/1900-1924/ racial-tensions/a-horrible-lynching/.

"African American Senators." ['Senadores afroamericanos'] Senado de los Estados Unidos. https://www.senate. gov/pagelayout/history/h_multi_sections_and_teasers/Photo_Exhibit_ African_American_Senators.htm

"Andrew Johnson." *Britannica.* https://www.britannica.com/biography/ Andrew-Johnson.

Barber, Kenneth E. "Johann Blumenbach and the Classification of Human Races," ['Johan Blumenbach y la clasificación de las razas humanas'] Encyclopedia.com, Dic. 7, 2020, https://www.encyclopedia.com/science/encyclopedias-almanacs- transcripts-and-maps/johann-blumenbach-and-classification-human-races.

Bernard, Ian. "The Zong Massacre (1781)" ['La Masacre de Zong (1781)'] BlackPast (Oct. 11, 2011). https://www.blackpast.org/global-african-history/ zong-massacre-1781/.

Bhopal, Raj. "The Beautiful Skull and Blumenbach's Errors: The Birth of the Scientific concept of Race." ['La calavera hermosa y los errores de Blumenbach: El nacimiento del concepto científico de raza'] *BMJ* (Dic. 22, 2007). https://www. ncbi.nlm.nih.gov/pmc/articles/PMC2151154/.

"Black Leaders During Reconstruction" ['Los líderes negros durante la reconstrucción'] History.com (Dic. 10, 2020). https://www.history.com/topics/american-civil-war/ black-leaders-during-reconstruction.

Britt, Donna. "A White Mother Went to Alabama to Fight for Civil Rights. The Klan Killed Her for It" ['Una madre blanca fue a Alabama a luchar por los derechos civiles. El Klan la mató por ello'] Washington Post (Dic. 15, 2017).

Brody, Richard. "The Worst Thing About 'Birth of a Nation' Is How Good It Is." ['Lo peor de "Nacimiento de una nación" es lo buena que es'] *The New Yorker* (Feb. 1, 2013). https://www.newyorker.com/culture/richard-brody/ the-worst-thing-about-birth-of-a-nation-is-how-good-it-is.

Brooks, Khristopher J. "Redlining's Legacy: Maps Are Gone, but the Problem Hasn't disappeared" ['El legado del *redlining:* los mapas ya no existen pero el problema no ha desaparecido'] CBS News (Junio 12, 2020). https://www.cbsnews.com/news/ redlining-what-is-history-mike-bloomberg-comments/.

Brown, DeNeen L. "Martin Luther King Jr. Was Stabbed by a Deranged Woman. At 29, He Almost Died." ['Martin Luther King, Jr. fue apuñalado por una mujer desquiciada. A la edad de 29 años, casi muere.'] *The Washington Post* (Ene. 21, 2019). https://www.washingtonpost.com/history/2019/01/21/ martin- luther-king-jr-was-stabbed-by-deranged-woman-he-almost-died/.

"Brown v. Board of Education." History.com (Abril 8, 2020). https://www.history.com/topics/black-history/ brown-v-board-of-education-of-topeka.

"Brown v. Board of Education of Topeka (2)." Oyez. https://www.oyez.org/ cases/1940-1955/349us294.

Bryant, Nick. "Martin Luther King and the Race Riot That Never Was." ['Martin Luther King y disturbio racial que no fue'] BBC News (Ago. 25, 2013). Martin Luther King and the race riot that never was - BBC News

Campbell, Molly. "Genotype vs. Phenotype: Examples and Definitions." ['Genotipo vs. Fenotipo: ejemplos y definiciones'] *Genomics Research from Technology Networks* (Abr. 18, 2019). https://www.technologynetworks.com/genomics/ articles/ genotype-vs-phenotype-examples-and-definitions-318446.

CBS News. "Police in the U.S. Killed 164 Black People in the First 8 Months of 2020. These Are Their Names." ['La policía en los Estados Unidos mató a 164 personas de color en los primeros ocho meses de 2020. Estos son sus nombres.'] https://www.cbsnews.com/ pictures/ black-people-killed-by-police-in-the-u-s-in-2020/.

Chou, Vivian. "How Science and Genetics Are Reshaping the Race Debate of the 21st Century," ['Cómo la Ciencia y la Genética están transformando el debate racial en el siglo XXI'] *Science in the News* (harvard.edu).

"Civil War." ['Guerra Civil'] History.com (Junio 23, 2020). https://www.history.com/ topics/ american-civil-war/american-civil-war-history.

Clark, Alexis. "Tulsa's 'Black Wall Street' Flourished as a Self-Contained Hub in Early 1900s," ['La "Wall Street Negra" de Fulsa floreció como un nodo autocontenido a principios de 1900'] History.com (Ene. 2, 2020). https://www.history. com/news/black-wall-street-tulsa-race-massacre.

Coen, Ross. "Sundown Towns" ['Ciudades del Ocaso'] *BlackPast* (Agosto 23, 2020). https://www. blackpast.org/african-american-history/sundown-towns/.

"Compromise of 1850" ['Compromiso de 1850'] History.com (Feb. 10, 2020). https://www.history. com/topics/abolitionist-movement/compromise-of-1850.

"Compromise of 1877" ['Compromiso de 1877'] History.com. https://www.history.com/topics/ us-presidents/compromise-of-1877.

"Congress Abolishes the African Slave Trade" ['El Congreso abolió el tráfico de esclavos africanos'] History.com (Dic. 4, 2020). Congress abolishes the African slave trade - HISTORY.

Copeland, Libby. "You Can Learn a Lot About Yourself From a DNA Test. Here's What Your Genes Cannot Tell You " ['Puedes aprender mucho de ti mismo con un examen de ADN. He aquí lo que tus genes no te pueden decir'] *Time* (Mar. 2, 2020). https://time.com/5783784/dna-testing-genetics/.

Davis, F. James. "Who Is Black? One Nation's Definition" ['¿Quién es negro? La definición de una nación'] Frontline. https://www.pbs.org/wgbh/pages/frontline/shows/jefferson/mixed/ onedrop.html.

DeWeerdt, Sarah E. "What's a Genome?" ['¿Qué es un genoma?'] *Genome News Network* (Ene. 15, 2003). https://www.genomenewsnetwork.org/resources/whats_a_ genome/Chp1_1_1.shtml#genome1.

DeWeerdt, Sarah E. "Genome Variations" ['Variaciones genómicas'] *Genome News Network* (Ene. 15, 2003). http://www.genomenewsnetwork.org/resources/whats_a_ genome/Chp4_1.shtml.

"Dred Scott Case" ['El caso Dred Scott'] History.com (Ago. 26, 2020). https://www.history.com/ topics/black-history/dred-scott-case.

DuBois, W.E. Burghardt. The Souls of Black Folk ['Las Almas del folclore negro'] Chicago, 1903. Citado en "W.E.B. DeBois Critiques Booker T. Washington" ['W.E.B. DeBois critica a Booker T. Washington']. *History Matters*. http://historymatters.gmu.edu/d/40.

Earley, P. Christopher and Elaine Mosakowski. "Cultural Intelligence" ['Inteligencia Cultural'] *Harvard Business Review* (Oct. 2004). https://hbr.org/2004/10/ cultural-intelligence.

"Emancipation and Reconstruction" ['La emancipación y reconstrucción'] History.com (Nov. 2, 2020). https:// www.history.com/topics/american-civil-war/reconstruction.

"Emancipation Proclamation" ['Proclama de Emancipación'] Africans in America. PBS. https://www.pbs. org/wgbh/aia/part4/4h1549.html.

"Emancipation Proclamation" ['Proclama de Emancipación'] History.com (Sept. 18, 2020). https://www.history.com/topics/american-civil-war/emancipation-proclamation.

"Eugenics" ['Eugenesia'] History.com. https://www.history.com/topics/germany/ eugenics.

Featherstone, Thomas. "No Greater Calling: The Life of Walter P. Reuther" ['No hay llamado mayor: la vida de Walter P. Reuther'] *Wayne State University Library*. http://reuther100.wayne.edu/bio. php?pg=4.

"First Enslaved Africans Arrive in Jamestown, Setting the Stage for Slavery in North America.", " ['La llegada de los primeros esclavos africanos a Jamestown, Sentando las bases para la esclavitud en norteamérica'] History.com. https://www.history.com/ this-day-in-history/first-african-slave-ship-arrives-jamestown-colony.

Foner, Eric. "Reconstruction" ['Reconstrucción']. Britannica.com (Sept. 10, 2020). https:// www.britannica.com/event/Reconstruction-United-States-history.

"Freedmen's Bureau" ['La oficina de libertos'] History.com (Oct. 3, 2018). https://www.history. com/topics/black-history/freedmens-bureau#:~:text=The%20 Freedmen's%20Bureau%2C%20formally%20known,aftermath%20 of%20 the%Civil%20War.

Gould, Stephen Jay. "The Geometer of Race" ['El geometro de la raza'] *Discover* (Nov. 1, 1994). https://www.discovermagazine.com/mind/ the-geometer-of-race.

Hanna, Charles W. *African American Recipients of the Medal of Honor* ['Receptores afroamericanos de la medalla de honor'] Jefferson, NC: McFarland & Company, 2002.

Harlan, Louis R. ed. *The Booker T. Washington Papers*. Vol. 3. Urbana: University of Illinois Press, 1974. pp. 583-587. Citado en "Booker T. Washington Delivers the 1895 Atlanta Compromise Speech""['Booker T. Washington da el discurso del Compromiso de Atlanta de 1895']. *History Matters*. http://historymatters.gmu.edu/d/39/. https://innocenceproject.org/. https://www.youtube.com/watch?v=tkpUyB2xgTM.

Huddleston, Tom Jr. "Juneteenth: The 155-Year-Old Holiday's History Explained" ['19 de Junio: explicación de la historia de un feriado de 155 años de antigüedad']. CNBC.com (Junio 17, 2020). https://www.cnbc.com/2020/06/15/what-is-juneteenth-holidays-history-explained.html.

"I Have a Dream." *I Have a Dream: Writings and Speeches That Changed the World. Martin Luther King, Jr.* ['Tengo un Sueño: Escritos y discursos que cambiaron el mundo, Martin Luther King, Jr.'], editado por James M. Washington (New York: HarperCollins, 1986, 1992).

Ignatiev, Noel. *How the Irish Became White* ['Cómo los irlandeses se volvieron blancos'] New York: Routledge, 1994. "Jackson, Jimmie Lee: Biography," Stanford University. Martin Luther King, Jr. Research and Education Institute. https://kinginstitute.stanford.edu/encyclopedia/jackson-jimmie-lee.

"Jim Crow Laws" ['Las leyes Jim Crow']. History.com (Dic. 2, 2020). https://www.history.com/topics/early-20th-century-us/jim-crow-laws.

Jones, Jonathan. "'Some of the Most Appalling Images Ever Created'—I Am Ashurbanipal Review" ['Algunas de las imágenes más espantosas que han sido creadas –I Am Ashurbanipal Review']. *The Guardian* (Nov. 5, 2018). https://www.theguardian.com/artanddesign/2018/ nov/06/i-am-ashurbanipal-review-british-museum.

Kansas-Nebraska Act" ['Ley Kansas-Nebraska'. History.com (Ago. 27, 2019). https://www.history.com/topics/19th-century/kansas-nebraska-act.

Kaufman, Michael T. "Robert K. Merton, Versatile Sociologist and Father of the Focus Group, Dies at 92" ['Robert K. Merton, Sociólogo versátil y Padre de los Grupos de Sondeo, muere a los 92 años ']. *New York Times* (Feb. 24, 2003). https://www.nytimes.com/2003/02/24/nyregion/robert- k-merton-versatile-sociologist-and-father-of-the-focus-group- dies-at-92.html.

Kelley, Peter. "Documents That Changed the World: The Declaration of Independence's Deleted Passage on Slavery, 1776." ['Documentos que cambiaron el mundo: el pasaje eliminado de la declaración de independencia sobre la esclavitud, 1776'] . *UW News* (Feb. 25, 2016). https://www.washington.edu/news/2016/02/25/documents- that-changed-the-world-the-declaration-of-independences-deleted- passage-on-slavery-1776/#:~:text=The%20deleted%20 words%20 %E2%80%94%20beginning%20with,his%20 participation%20 in%20 and%20perpetuation.

"Kenneth and Mamie Clark Doll." ['Kennet y Mamier Clark Doll']. *National Park Service* (Abril 10, 2015). https://www.nps.gov/brvb/learn/historyculture/clarkdoll.htm.

Kindig, Jessie. "March on Washington Movement (1941–1947)." ['Movimiento de la Marcha en Washington (1941-1947)'] *BlackPast* (Dic. 6, 2007). https://www.blackpast.org/african-american-history/ march-washington-movement-1941-1947/.

Klein, Christopher. "How Selma's 'Bloody Sunday' Became a Turning Point in the Civil Rights Movement" ['Cómo el "domingo sangriento" de Selma se convirtió en punto de inflexión en el Movimiento por los Derechos Civiles'] History.com (Julio 18, 2020). https://www.history.com/news/ selma-bloody-sunday-attack-civil-rights-movement.

"Ku Klux Klan." History.com (Nov. 2, 2020). https://www.history.com/ topics/reconstruction/hu-klux-klan.

Lartey, Jamiles and Sam Morris. "How White Americans Used Lynchings to Terrorize and Control Black People." ['Cómo los blancos americanos usaron los linchamientos para aterrorizar y controlar a la gente de color']. *The Guardian* (Abril 26, 2018). https://www.theguaardian.com/us-news/2018/apr/26/ lynchings-memorial-us-south-montgomery-alabama.

"Lest We Forget: The Lynching of Will Brown, Omaha's 1919 Race Riot." [*'No lo olvidemos: El linchamiento de Will Brown, Protesta Racial de Omaha de 1919'*]. History Nebraska Blog. Accessed Nov. 17, 2020. https:// history.nebraska.gov/blog/lest-we-forget-lynching-will-brown- omaha%E2%80%99s-1919-race-riot.

"Letter to Albert G. Hodges" ['Carta a Albert G. Hodges']. Abraham Lincoln Online. http://www.abrahamlincolnonline.org/lincoln/speeches/hodges.htm.

"Letter to Emmett C. Hoctor From Anonymous, Omaha, Nebraska, May 25, 1919." ['Carta a Emmett C. Hoctor de un anónimo, Omaha, Nebraska, Mayo 25, 1919']. Copia en poder de Orville D. Menard. https:// history.nebraska.gov/sites/history.nebraska.gov/files/doc/publications/ NH2010Lynching. pdf.

Lewis, C.S., *El peso de la Gloria*. New York: HarperCollins Español, 2016.

Lieutenant Colonel Jeffrey A. Calvert. "The Occupation of the South" ['La ocupación del Sur']. Army Heritage Center Foundation. https://www.armyheritage.org/ soldier-stories-information/the-occupation-of-the-south/.

"Lincoln's Evolving Thoughts on Slavery, and Freedom" ['Los pensamientos evolutivos de Lincoln acerca de la esclavitud y la libertad']. Oct. 11, 2010. From NPR Interview With Eric Foner. *The Fiery Trial: Abraham Lincoln and American Slavery* (New York: W.W. Norton & Company, 2010). https://www.npr.org/2010/10/11/130489804/ lincolns-evolving-thoughts-on-slavery-and-freedom.

Loewen, James W. *Sundown Towns: A Dimension of American Racism* ['Ciudades del ocaso: una dimensión escondida del racismo americano'] New York: The New Press, 2005.

"Lynching in America: Confronting the Legacy of Racial Terror" ['Linchamientos en América: confrontando el legado del terror racial']. *Equal Justice Initiative*, 2017. https://lynchinginamerica.eji.org/report/.

"Manifest Destiny." ['Destino Manifiesto'] U.S. History. https://www.ushistory.org/us/29.asp.

McKenna, Amy. "Black Code" ['Código Negro']. Britannica.com. (Ago. 20, 2019). https:// www.britannica.com/topic/black-code.

McNeill, Leila. "How a Psychologist's Work on Race Identity Helped Overturn School Segregation in 1950s America" ['Cómo el trabajo de un psicólogo sobre la identidad racial ayudó a revertir la segregación escolar en los Estados Unidos de los años 1950']. *Smithsonian Magazine* (Oct. 26, 2017). https://www.smithsonianmag.com/science-nature/psychologist-work-racial-identity-helped-overturn-school-segregation-180966934/.

Mai, Lina. "'I Had a Right to Be at Central': Remembering Little Rock's Integration Battle" ['Tenía derecho de asistir a la escuela Central: recordando la batalla por la integración de Little Rock']. *Time* (Sept. 22, 2017). https://time.com/4948704/little-rock-nine-anniversary/.

"Mary Turner, Pregnant, Lynched in Georgia for Publicly Criticizing Husband's Lynching." ['Mary Turner, embarazada, fue linchada en Georgia por criticar públicamente el linchamiento de su esposo']. *Equal Justice Initiative*. https://calendar.eji.org/racial-injustice/may/19.

Merton, Robert K. *Sociological Ambivalence and Other Essays* ['Ambivalencia sociológica y otros ensayos'] New York:The Free Press, 1976.

Michals, Debra, ed. "Fannie Lou Hamer." *National Women's History Museum*, 2017. https://www.womenshistory.org/education-resources/biographies/fannie-lou-hamer.

Michals, Debra. "Ruby Bridges." *National Women's History Museum*, 2015. https://www.womenshistory.org/education-resources/biographies/ruby-bridges.

Miller, Melissa T. "The Tuskegee Airmen" ['Los pilotos de Tuskegee']. Military.com. https://military.com/history/the-tuskegee-airmen.html.

"Missouri Compromise" ['Compromiso de Missouri']. History.com (Nov. 4, 2019). https://www.history.com/topics/abolitionist-movement/missouri-compromise.

Mitchell, Paul Wolff and Janet Monge. "A New Take on the 19th-Century Skull Collection of Samuel Morton" ['Una nueva mirada a la colección de calaveras de Samuel Morton']. *Science Daily* (Oct. 4, 2018). https://www.sciencedaily.com/releases/2018/10/181004143943.htm. *Nature Education.*

"Niagara Movement" ['Movimiento Niágara'] History.com. https://www.history.com/topics/black-history/niagara-movement.

"Phenotype/phenotypes" ['Fenotipo/fenotipos']. Scitable. https://www.nature.com/scitable/definition/phenotype-phenotypes-35/.

"1921 Tulsa Race Massacre" ['La Masacre Racial de Tulsa en 1921']. Tulsa Historical Society and Museum. https://www.tulsahistory.org/exhibit/1921-tulsa-race-massacre/#flexible-content.

Pauls, Elizabeth Prine. "Trail of Tears" ['Sendero de lágrimas']. Encyclopaedia Britannica. https://www.britannica.com/event/Trail-of-Tears.

"Personal Self-Assessment of Anti-Bias Behavior" ['Autoevaluación personal anti sesgo']. *Anti-Defamation League*, 2007. https://www.adl.org/sites/default/files/documents/ assets/pdf/education-outreach/Personal-Self-Assessment-of-Anti- Bias-Behavior.pdf.

"Plessy v. Ferguson." History.com. https://www.history.com/topics/ black-history/plessy-v-ferguson.

Pruitt, Sarah. "5 things You May Not Know about Abraham Lincoln, slavery and Emancipation" ['5 cosas que puede que no sepas acerca de Abraham Lincoln, la Esclavitud y la Emancipación']. History.com (Junio 23, 2020). https://www. history.com/news/5-things-you-may-not-know-about-lincoln-slavery- and-emancipation.

"Reeb, James." Stanford University. Martin Luther King.Jr. Research and Education Institute. https://kinginstitute.stanford.edu/encyclopedia/ reeb-james.

Rho, Eunice Hyon Min. "Remembering Dr. King's Defense of Voting Rights" ['Recordando la defensa de los derechos al voto del Dr. King'] ACLU.org. (Ene. 16, 2012). Remembering Dr. King's Defense of Voting Rights | American Civil Liberties Union (aclu.org)

Rothstein, Richard, *The Color of Law: A Forgotten History of How Our Government Segregated America* ['El Color de la ley: una historia olvidada de cómo nuestro gobierno segregó los Estados Unidos'] New York: Liveright Publishing, 2017.

"Ruby Bridges," *Biography* (Junio 22, 2020). https://www.biography.com/ activist/ruby-bridges.

Rutherford, Alexandra. "Developmental Psychologist, Starting From Strengths" ['Psicología del desarrollo, comenzando por las fortalezas'] Citada en McNeill, Ibid.

Schjonberg, Mary Frances. "Remembering Jonathan Daniels 50 Years After His Martyrdom" ['Recordando a Jonathan Daniels cincuenta años después de su martirio'. Episcopal News Service (Ago.. 13, 2015). https:// www. episcopalnewsservice.org/2015/08/13/remembering-jonathan- daniels-50-years-after-his-martyrdom/, and "Jonathan Daniels, Civil Rights Hero" ['Jonathan Daniels, Héroe de los derechos civiles']. Virginia Military Institute. https:// www.vmi.edu/ archives/genealogy-biography-alumni/featured-historical-biographies/ jonathan-daniels-civil-rights-hero/.

"(1776) The Deleted Passage of the Declaration of Independence" ['(1776) El pasaje eliminado de la declaración de la independencia']. *BlackPast* (Ago. 10, 2009). https://www.blackpast.org/african- american-history/ declaration-independence-and-debate-over-slavery/.

"Selma to Montgomery March" ['La Marcha de Selma a Montgomery']. Stanford University. Martin Luther King, Jr. Research and Education Institute. https:// kinginstitute.stanford. edu/encyclopedia/selma-montgomery-march.

Simba, M. "The Three-Fifths Clause of the United States Constitution (1787)" ['La cláusula de los tres quintos en la Constitución de los Estados Unidos (1787)']. *BlackPast* (Oct.3, 2014). https://www.blackpast.org/african-american-history/ three-fifths-clause-united-states-constitution-1787/.

"The Berlin Olympics" ['Los Juegos Olímpicos de Berlín']. The History Place. Accessed Dic. 3, 2020. https://www.historyplace.com/worldwar2/triumph/ tr-olympics.htm.

"The Civil Rights Act of 1875" ['La Ley de Derechos Civiles de 1875']. History, Art & Archives. United States House of Representatives. https:// history.house.gov/Historical- Highlights/1851-1900/The-Civil-Rights-Act-of-1875/ y "Civil Rights Act of 1875 Declared Unconstitutional" ['La Ley de Derechos Civiles de 1875 declarada inconstitucional'] Annenberg Classroom. https://www.annenbergclassroom.org/timeline_event/ civil-rights-act-of-1875-declared-unconstitutional/.

"The Civil Rights Bill of 1866" ['La Ley de los Derechos Civiles de 1866']. History, Art & Archives. United States House of Representatives. https://history.house. gov/Historical-Highlights/1851-1900/The-Civil-Rights-Bill-of-1866/.

"The 1788 Dolben Act" ['La Ley Dolben de 1788']. *Spartacus Educational.* https:// spartacus-educational.com/REdolbenAct.htm.

"13th Amendment" ['Decimotercera enmienda'] History.com (Junio 9, 2020). 13th Amendment- HISTORY

"Top 100 Speeches" ['Los 100 mejores discursos'] American Rhetoric. https://www. americanrhetoric.com/speeches/mlkihaveadream.htm.

"Trail of Tears" ['Sendero de lágrimas'], History.com (Julio 7, 2020). https://www. history.com/topics/native-american-history/trail-of-tears.

"Ulysses S. Grant." History.com (Marzo 30, 2020). https://www.history.com/topics/ us-presidents/ulysses-s-grant-1.

Urofsky, Melvin I. "Civil Rights Cases" ['Casos de Derechos Civiles']. Britannica (Oct. 8, 2020). https://www.britannica.com/topic/Civil-Rights-Cases.

"Viola Gregg Liuzzo Biography." ['Biografía de Viola Gregg Liuzzo']. *Biography* (Nov. 19, 2020). https://www. Biography.com/activist/viola-gregg-liuzzo.

"Viola Liuzzo, killed by the Klan, was the only white woman to die in the civil rights movement" ['Biografía de Viola Gregg Liuzzo'] - *The Washington Post.*

"Voting Rights Act of 1965" ['Ley de Derechos del Voto de 1965']. *Stanford University. Martin Luther King, Jr. Research and Education Institute.* https://kinginstitute.stanford.edu/liberation-curriculum/lesson-plans/activities/chicago

White, Walter. "The Eruption of Tulsa" ['La erupción de Tulsa']. *Nation* (Junio 29, 1921). Cited in "Introduction of Hannibal B. Johnson." Black Wall Street 100 (Fort Worth: Eakin Press, 2020).

Woodward, C. Vann. "Plessy v. Ferguson." *American Heritage*, Vol. 15, Issue 3, 1964. https://www.americanheritage.com/plessy-v-ferguson#1.

Worrall, Simon. Citando al genetista británico Adam Rutherford en "Why Race Is Not a Thing, According to Genetics," ['Por qué la raza no existe, según la genética'], *National Geographic* (Oct. 14, 2017). https://www.nationalgeographic.com/news/2017/10/ genetics-history-race-neanderthal-rutherford/.

Lectura Adicional

Para más información acerca de el aspecto racial, el autor recomienda los siguientes libros:

Alexander, Michelle. *The New Jim Crow: Mass Incarceration in the Age of Colorblindness.* ['El nuevo Jim Crow: encarcelamiento masivo en la era de la ceguera de color'] New York: The New Press, 2011.

Buell, Denise Kimber. *Why This New Race: Ethnic Reasoning in Early Christianity.* ['Por qué la nueva raza: razonamiento étnico en el cristianismo primitivo'] New York: Columbia University Press, 2005.

Desmond, Matthew and Mustafa Emirbayer. *Racial Domination. Racial Progress: The Sociology of Race in America.* ['Dominación racial. Progreso racial. La sociología de la raza en los Estados Unidos'] New York: McGraw Hill, 2010.

Elmer, Duane. *Cross-Cultural Connections: Stepping Out and Fitting in Around the World.* ['Conexiones interculturales: dando un paso hacia afuer y encajando en distintas partes del mundo'] Downers Grove, Ill.: InterVarsity Press, 2002.

Emerson, Michael O. and Christian Smith. *Divided by Faith: Evangelical Religion and the Problem of Race in America.* ['Divididos por la fe: la religión evangélica y el problema racial en los Estados Unidos']New York: Oxford University Press, 2000.*

Greenway, Roger S. and Timothy M. Monsma. *Cities: Missions* ['Ciudades: Misiones'] New Frontier. Grand Rapids: Baker Book House, 1990.

Jenkins, Willie James. *The Christian Imagination: Theology and the Origins of Race.* ['La imaginación cristiana: la teología y el origen de la raza'] New Haven, CT: Yale University Press, 2011.*

Kendi, Ibram X. *Stamped From the Beginning: The Definitive History of Racist Ideas in America.* ['Sellado desde el principio: la historia definitiva de las ideas racistas en los Estados Unidos'] Bold Type Books, 2017.*

Parrillo, Vincent N. *Diversity in America*, ['Diversidad en los Estados Unidos'] Third Edition. Los Angeles: Pine Forge Press, 2009.

Priest, Robert J. and Alvaro L. Nieves. *This Side of Heaven: Race, Ethnicity, and Christian Faith.* ['De este lado del cielo: raza, etnias y fe cristiana'] New York: Oxford University Press, 2007.

Rothstein, Richard. *Color of Law: A Forgotten History of How Our Government Segregated America*. ['El Color de la ley: la historia olvidada de cómo nuestro gobierno segregó los Estados Unidos'] New York: Liveright Publishing Corporation, 2017.*

Tisby, Jemar. *How to Fight Racism: Courageous Christianity and the Journey Toward Racial Justice*. ['Cómo luchar contra el racismo: cristianismo valiente y el camino hacia la justicia racial'] Grand Rapids: Zondervan, 2021.*

**Estos títulos también pueden ser obtenidos por medio de Amazon Audible Audiobooks (en inglés).*